让孩子一开口就招人喜欢

徐先玲/编著

河南人民出版社

图书在版编目(CIP)数据

让孩子一开口就招人喜欢 / 徐先玲编著.—郑州 :河南人民出版社,
2009.12 (2012.7 重印)
ISBN 978－7－215－07079－0

Ⅰ. ①让… Ⅱ. ①徐… Ⅲ. ①语言艺术－青少年读物 Ⅳ. ①
H019－49

中国版本图书馆 CIP 数据核字(2009)第 217953 号

让孩子一开口就招人喜欢

徐先玲　编著

出版发行	河南人民出版社	
社　址	郑州市经五路 66 号	
邮　编	450002	
电　话	(0371)65788036	(010)85387855
印　刷	北京山华苑印刷有限责任公司	
开　本	700×1000　1/16	
印　张	12	
字　数	240 千字	
版　次	2010 年 1 月第 1 版	
印　次	2012 年 7 月第 3 次印刷	
标准书号	ISBN 978－7－215－07079－0	
定　价	23.80 元	

前　言

　　青少年是祖国的未来，国家富强，民族振兴的根本，作为21世纪的青少年无疑是幸运的。因为这个时代有许多美好的事物在陪伴着你们走过青春、走向成熟。明朝思想家王守仁所说："志不立，则如无舵之舟，无勒之马。"当青少年在彷徨时，是谁在激励着你前行？当您跌倒失败时，是谁又将你扶起？是一套套富有哲理的经典励志故事为广大青少年指明了方向，激发出其应有的潜能；是一则则笑谈生活幽默的故事，培养了其乐观的性格；是一篇篇畅谈经典人生的故事，打造其成功的意识。

　　然而，本系列励志丛书所挑选的每一则故事都是一朵奇葩，在引人入胜的情节之中饱含深刻的思想。书中那一则则美妙动人的故事如同一颗耀眼的启明灯，会铭刻在记忆深处，在潜移默化中，使青少年们面对流逝的光阴时不再黯然，从而拥有值得回味的感动。

　　苏格拉底曾对他的弟子说："人生就是一次无法重复的选择。"命运没有彩排的机会，因此才会有那么多故事流传下来。这些催人奋进的故事都是开启人生智慧的钥匙，它们有时可以让一个人受益终生。

　　可是，众多的青少年都在翘首以盼等待天上的"馅饼"，其实很多时候，埋没天才的不是别人，恰恰是青少年自己。任何一个拥有理想，拥有抱负的人，只要不辞辛苦默默地在自己脚下多垫些"石头"都会取得成功。而这些石头，也正是青少年所欠缺的好心态、好习惯、好人品、好素质、好口才、好气质。唯有拥有了这些，广大青少年才能够看到自己渴望看到的风景，摘到挂在高处的那些诱人果实。

　　那么，要如何获得"垫脚石"呢？这就需要拥有一套青少年励志丛书，无论学习还是生活，做人还是处世。此书都以一种无比顽强的姿态影响着青少年生活中的方方面面，从而使他们主宰自己的人生。

　　对于青少年来说，要成就学业、事业，要拥有美好人生，必须拥有一套励志丛书，一篇篇激励人心的文章，让青少年从容漫游、获取鼓舞、走进快乐成功的圈子。通过这些书籍您可以学习很多，看到很多、获取很多、了解很多有趣的知识。

本系列励志丛书，为青少年朋友们精选了世界上最有影响力的励志经典故事，收录了一篇篇富有哲理的文章以及交际实用方法等。青少年每当遇到成功的喜悦、失意的痛苦、徘徊的无奈……就能在丛书中获取成功的经验、失败的教训，在悲观失望、消极以待的时刻，让励志丛书成为最有效的强心剂，为青少年们注入无限的精神力量，也希望每一位青少年朋友都能在这些励志丛书中找到属于自己的真理寓言。

林静轩编辑部

目　录

让孩子一开口就招人喜欢

1

第三章　学会与陌生人交流

第四章　恰到好处的说话技巧

让孩子一开口就招人喜欢

第五章　在语言中加入情感元素

第六章　发挥"无声语言"的魅力

第七章　说服的语言艺术

第八章　随机应变的言语智慧

让孩子一开口就招人喜欢

第九章　交谈中的语言禁忌

让孩子一开口就招人喜欢

第一章　做一个能言善辩之人

1. 好口才是人的金字招牌

当今社会，几乎很难找到一个不需要语言交流的行业。事实上，随着社会的多元化发展，各行各业，百花齐放，像管理、记者、导游、营销、服务、教师、主持人等职业工作者出口成章，妙语连珠，口才已经成为人们生活中一项不可缺少的技能。拥有好口才，就好比拥有了一个分量沉重的成功的砝码，它成为许多人孜孜不倦的追求。言为心声，我们只要通过一个人的讲话水平和风度，就可以判断出他到底有多少学识、修养能力。因为口才不光是口上之才，更是一个人心理素质、文化素质，甚至综合素质的彰显。所以，我们有十分充分的理由认为：是人才者未必有口才，而有口才者必定是人才，而且是一个出类拔萃的人才！

我国是一个历史悠久的文明古国、礼仪之邦，历史上，孔子运用他那独特的口语艺术开创了中国教育先河，晏子使楚口才不凡，不辱使命，苏秦以雄辩之才挂起六国相印，张仪四处游说建功立业，范雎说秦王，触龙说赵太后，蔺相如"完璧归赵"，诸葛亮联吴抗曹、舌战群儒……到了近代和现代，也涌现出一批像梁启超、孙中山、鲁迅、闻一多、毛泽东、周恩来等等许多能言善讲的大师巨擘。

过去人们说：佛要金装，人要衣装；而现在就要这么说：佛要金装，人要口才。对一个人来说，好口才就像他的一道金字招牌，比任何装饰都更能展示出人的内涵。人们需要化妆，需要漂亮的服装，需要香水和时髦的皮包。但有一样"化妆品"人们很少注意到，那就是最高级的"化妆品"——语言，它随时随地都起着不可估量的作用。如果能使生活的语言高度艺术化，那么他的生活无疑也将高度艺术化，这种生活也是高品位的生活。它渗透着每一个非常细微的生活细节。每一个有敬业精神的人都要掌握日常生活中说话的艺术，追求语言中的精品，处处展现你独特的个性和无穷的魅力，让语言展示你的时尚，是你人生的宝贵财富。

青少年朋友们，你们要打开自己的话匣子，滔滔不绝地说话，不要做一个沉默寡言的人。要善于全方位地"宣传"自己，让别人在学习上、生活上、心理上都

1

全盘接受你,这对你的一生将大有裨益。打开你的话匣子,你会从中找到很多乐趣,用一个从讲话中得到快乐的人的话来说:

"在演讲开始的两分钟之前,我宁可被皮鞭打死,也不愿站起来演讲。但是,到了快要结束的时候,我宁可被枪毙也不愿被停止说话。"

无论是谁,无论你对什么事感兴趣,只要你能讲出精彩的想法,就是打开了话匣子,收获了精彩。不信可以试一下,你会从中发现自己的天分,找到趣味相投的朋友,获得他人的理解和支持。

如果你是一位健谈的人,而且你所讲的每一句话都深入人心、铿锵有力,你就能成为万众瞩目的对象,体会到自己令人难以抗拒的魅力和终身难忘的满足感。有了这样的魅力,你就有了阿里巴巴的"芝麻开门"神秘咒语,就有了一把打开宝藏的钥匙。

人的社会性决定每个人都不可能是一个孤立的存在,都绝对离不开与他人的沟通和交流。事实上,世界上没有任何一个正常的人不需要和别人交流,也没有任何一种学习与工作不需要和别人打交道。所以,在人际交往日益频繁的今天,口才已经成为每个现代人一项必备的技能。现代生活要求我们一定要发展口才与交际能力,口才和交际能力有利于我们提高素质、开发潜能、驾驭生活、改善人生,是追求事业成功的无价之宝。

可见,在人们的生活中,好口才已成为自身的一块金字招牌,能使自己迅速地深入人心、广结人缘,能使自己的事业如鱼得水,一飞冲天,它已经成为人们成就自己必不可少的法宝。

2. 好口才,好办事

古往今来,凡是在交际场合左右逢源、逢凶化吉、办事顺畅的人,都是拥有好口才的人。拥有好口才,无异于就拥有了胜人一筹的法宝。同样的意思从不同的人嘴里说出来,听着的人领悟的意思可以大相径庭,由此可见语言的非凡魅力。一个人的说话水平可以影响到他的生活层次,决定他的事业发展。说话水平高的人,口若悬河,谈吐隽永,妙语连珠,言辞得体,谈天说地,可以"天机云锦为我用";赞美他人能够"良言一句三冬暖";给人安慰能够"一叶一枝总关情"……这样的人,往往容易被人尊重,受人欢迎,能赢得他人的友谊、信任、支持和帮助,在事业上也容易获得成功。而说话水平低的人,总是语无伦次、词不达意,就好像"茶壶里煮饺子——肚子里有货,嘴上却倒不出来",也会"恶语半句六月寒",一句话能结下一个仇敌……这样的人,就会时时处处感到困窘,容易被人冷淡、遗忘,因此也就必然会给自己的生活和事业带来不利的影响。古今中外,一生败于说话的人很多,如三国时被曹操斩首的杨修,被孔明骂死的王朗。一生成于说话的人也很多,如春秋战国时期的二桃杀三士的晏平仲,完璧归赵的蔺相如,讽齐王纳谏的邹忌等。能说会道是一种本事,由于掌握了说话的技巧,所以他们能够征服人心,办事时也能得心应手、游刃有余。下面的例子很值得借鉴:

一天,乾隆皇帝在新任宰相和珅和三朝元老刘统勋陪同下,在承德避暑山庄的烟雨楼前观景赋诗。

乾隆素闻和珅和刘统勋不合,便有心调和二人。

三人正在欣赏秀丽的山川景色,乾隆突然随口问道:

"什么高,什么低?什么东,什么西?"

学识渊博的刘统勋当然不会放弃在皇上面前展露才华的机会,抢着回答说:"君王高,臣子低;文在东来武在西。"

和珅一向以奉迎拍马著称,这次看到有人抢在他的前面,大为恼火,借题发挥道:"天最高,地最低;河(和)在东来流(刘)在西。"

河与流明指热河向西流入离宫湖,但暗指自己和刘统勋,并借宫廷礼仪东首为上、西首为下来贬低刘统勋。

刘统勋岂能不知,背着乾隆狠狠地瞪了和珅一眼,心想:"老狐狸,走着瞧!"

这时,三人来到一座桥上,乾隆要求和珅和刘统勋以水为题,拆一个字,说一句俗语,作一首诗。刘统勋心想:"机会终于来了。"他边走边想,最后开口朗诵:

"有水念溪,无水也念奚,单奚落鸟变为鸡。得食狐狸欢如虎,落魄的凤凰不如鸡。"

和珅听出刘统勋在讽刺自己,也毫不示弱,便反唇相讥道:

"有水念湘,无水还念相,雨落相上便为霜。各人自扫门前雪,休管他人瓦上霜。"

和珅是在告诫刘统勋最好不要多管闲事,否则也不会有好果子吃。

乾隆皇帝也是一代才子,岂能不懂他二人的弦外音,当即上前每手拉住一人,面对湖水和湖面上三人的合影,语重心长地说道:

"二位爱卿听真,孤家也对上一首:有水念清,无水也念青,爱卿共协力,心中但有情,不看僧面看佛面,不看孤情看水情。"

和珅与刘统勋二人听罢,心中明白乾隆的意思,不由大为感动,当即拜谢乾隆,二人由此握手言和。

在这里,乾隆以诗表达对和珅和刘统勋的不满,要求二人同心协力辅佐朝廷。假若乾隆端坐在大殿之上,厉声指责刘、和二人不该为一己私利互相拆台,二人从面子上都下不了台,虽然表面上会缓和一些,心里恐怕只会更加嫉恨对方。但是,乾隆以诗的语言含蓄地表达了自己的意愿,可谓意味深长。刘、和两人领悟他的意思后深受感动,才放弃个人恩怨,握手言和。

我们的日常学习生活、工作办事离不开交际,更需要相互沟通、交流,掌握出色的语言表达技巧,可以使相熟的亲朋好友之间情更深、爱更浓,可以使和我们只有一面之缘的人产生好感、结成友谊,可以使和我们意见分歧的人求同存异、化解矛盾,可以使彼此怨恨的人消除敌意、握手言和。高水平的说话能力是现代人必备的素质之一。好口才会给你带来好运气和才气:在各种各样的人际交往中,拥有好口才,你将会广受欢迎,能轻松地与他人融洽相处,在社会交往中如鱼得水;拥有好口才,就等于拥有了辉煌的前程;拥有好口才,将意味着你有一个美好的人生!

3. 口才是成功与幸福的阶梯

现代社会是一个竞争与合作交织的社会,有的人会在竞争与合作中遭遇一次又一次失败,而有的人却不断地迎来一个又一个成功,这其中奥妙何在? 奥妙就在于"三寸不烂之舌,两行伶俐之齿"。虽然说演讲、辩论全凭一张嘴,语言表达能力如何也全凭一张嘴,可是生意场上却有"金口玉言,利益攸关"之说,政治场上总有"领导过问了","一言定升迁"之说,文化界还有"点睛之笔","破题之语",生活中更有生死荣辱系于一言之说。可见,在现代交际中,不仅要能说,而且要会说,这将深刻影响着一个人的成功与失败。

古往今来,能够圆润通达者多为能言善辩之辈,不善言辞者往往处世艰难,甚至遭遇失败。一言能兴邦,一言能丧国。刘勰在《文心雕龙》中这样评价语言艺术的重要性:"一人之辩,重于九鼎之尊;三寸之舌,强于百万之师。"而对个人而言,一言不慎,可以让人转瞬之间身败名裂,成为众矢之的;反之,若能出言机智、应对自如,且能幽默悦耳,必能控制时局,事事通达顺利、无往而不胜。事实上,口才在现实生活中的方方面面都扮演着极其重要的角色:谈话需要口才、说服需要口才、求人办事需要口才、演讲需要口才、商务谈判需要口才、推销需要口才、幽默需要口才……总之,生活与工作的方方面面都离不开口才。

好口才,能使你较好地与同学和朋友沟通,并与对方建立起良好的人际关系,获得更多的好朋友,并使你的生活变得更加快乐,学习成绩也蒸蒸日上。

好口才,能使你拥有一个温馨而幸福的家,生活中充满欢声笑语,使你和爸爸、妈妈、爷爷、奶奶之间笑口常开,关系融洽,增强整个家庭的凝聚力。

总之,有了好口才,就有了一个比常人突出的优点。因而,也会给自身带来更多的惊喜,使原本漫长的等待大大缩短,使原本不可能的事情不可思议地成为可能,使自己想都不敢想的机会降临在自己的头上……

口才可以让人成功的例子不胜枚举:

推销员,利用其口才让客户心悦诚服,争相掏出腰包购买产品;供销商,使客户最终满意地拍板与自己做生意;律师,靠着自己富于雄辩的口才,在法庭上进行着一次次精彩的辩护……因为他们有好口才,所以他们的收入丰厚得也让人羡慕。面对心仪已久的恋人,口才能让你妙语连珠、魅力倍增;面对友人,口才能让你左右逢源、广受欢迎;面对竞争激烈的职场,口才能让你脱颖而出、获得令人羡慕的职业……好口才无异于一笔丰富的财富,甚至一言千金、出口成金。百货商场的商品有各自的标价,有社会地位的人有特殊的身价,经济、文化发达国家中,著名的政治家、科学家、企业家、文学家发表高质量的演讲还有惊人的"口价"。

这是一个充满千帆竞渡的时代。虽然我们都站在同一起跑线上,但是时代的导向却偏向着那些口才优秀的人。拥有好口才,人生路上你会走得更顺利。在未来的时代里,一个人若是缺乏口才,无论他有多么卓越的其他才能,仍然有可能无法在社会上生存。有才华却缺乏口才,就像是一粒未经琢磨的钻石,无论阳光如何照耀也永远没有机会闪耀出璀璨夺目的光芒。

在未来的社会中,口才的重要性将会日益显现。随着办公自动化的迅速发展,几乎所有的例行工作都可由机器来处理,但在这场惊涛骇浪般的自动化革命潮流之中依然能够如中流砥柱屹立不动的,便是最具有人性化的那些部门,也就是那些与人谈话和交往最多的部门。由于人与人之间的交流说话几乎不可能被融入办公自动化的范围内,因此它便成了一个人在未来社会分工中占有一席之地的最后筹码。在不久的将来,一个人是否具备过硬的沟通能力,将成为决定他能否在社会中生存的一项重要资本。

所以,在我们的生活中不能没有好口才:结交朋友需要口才,和睦家庭需要口才,和同学相互学习探讨问题更需要口才。在更远、更深的层次上来说,好口才决定了一个人一生的成就,也决定了一个人一生的幸福。

4. 口才是一门语言艺术

口才是一门重要的语言艺术,是用口语表达思想感情的一种巧妙的形式。懂得发挥运用语言艺术的人,是那些善于用口语向周围的人们准确、贴切、生动地表达出自己丰富的思想感情的人。

说话是人们相互沟通最主要的方式,而语言就成了最主要的人际沟通工具,而且语言本身也是一个人个性的展现。一个人的魅力很大程度是通过他说的语言体现出来的:柔声细语能让人感受到春天般的温馨和舒适,让你赢得大家一致的认同和好感;而恶言恶语只能让人感受到你冬天般的冷酷和无情的一面,使你成为一个令人讨厌的人。所以,一个人恰到好处地应用语言和他人交谈,并让他人认为听你说话是一种难得的享受,那么,可以说,你说话时运用语言的能力已经达到了语言艺术的境界,这一点是你能否迈向成功的关键。

语言艺术包括互相关联的两个不同方面:自我表达与谈话。

应用语言艺术的最基本形式就是自我表达,你要通过一段恰当的说话把你的思想、看法、意见恰如其分地向大家表达出来,并希望通过这种表达实现自己预定的目标。而自我表达的主要形式就是演讲,可以是面对公众集会和大型会议的演讲,也可以是一次普通的讲课,一次对上级领导所做的工作汇报等等。其实,从某种意义上说两个人的谈话也是由一次次不连续的个人演讲构成的。

所以,对完整的语言艺术的把握,包括善于自我表达和善于把握谈话两方面。

自我表达的技巧包括如下五个方面的内容:知识、分析能力、语言逻辑、说话语气和勇气。自我表达的目的并不在于制造一种热情高涨的气氛,也不在于渲染一种情绪,而在于说明一个问题和说服别人。一个总经理在部门经理会议上讲话,下达一些命令,这时他演讲的主要目的就是说明某种问题。但如果你是一位到大学招聘毕业生的人事经理,你所要做的不仅是要向来应聘的同学说明招聘的程序与要求,你更要说服最适合自己公司的毕业生来报名。如果两轮面试后,你发现两位特别优秀的学生,而他们还在犹豫,那么,你就要用语言的艺术努力说服他们到自己的公司来上班。

要提高自我表达能力,首先增长你的知识,这是第一步。而增长知识的有效途径是博览群书和对生活进行细心的观察学习,谁都不知道将来会面对一个怎样的局面,所以你要在各方面积极地进行知识上的储备。另外,每个人的时间都非常有限,你在读书时可以有所侧重。比如,如果你在一家高技术企业做

让孩子一开口就招人喜欢

管理工作,那么你可以把主要精力放在和工作相关的技术类和管理类书籍报刊上。这种良好的阅读习惯一旦养成,会给你职业上带来巨大的回报。

细心学习的人会深有体会,在生活的每一处,我们都可以学到很多东西,增长自己的知识。很多人对这一点深有感触,他们的很多知识来自于对生活的细心观察,来自于与朋友间的交流。通过用心观察别人怎么做的、怎么说的,自己往往能不知不觉地从中受益。如果经常与人交流并注意倾听,那一定会获益更多。

锻炼分析能力的关键在于两点:一是培养问题思维的能力,我们遇到问题要经常问为什么。我们的思维能力并不是在一天之内培养起来的,而是日积月累的结果。在学校里,有些学生就经常问为什么,并经常表示出一些异议,这是一个很好的习惯。这些学生考试成绩不一定是最突出的,但在社会的竞争中一定是成就最大的。因为他们具有别人所不具有的优势,那就是自己思考问题的能力,自己能独立地对问题做出分析,并得出一个较合理的解释和解决办法。二是培养综合思维能力。有些人做演讲经常失败,他的观点没有任何市场,主要是因为他的看法太片面。在分析问题时看法不全面是很多人的通病。比如他认为要通过大规模广告来推进产品销售,但他并没有对广告的成本收益进行全面的分析。也许产品销售所增加的利润不能弥补广告费用。为了解决新的居民住宅区乘车难的问题,他认为应该增开公交线路,但他可能没有考虑到这样做交通公司是否有利可图。所以,有说服力的自我表达往往是一门综合的艺术,它综合一个人对事情全面的因果分析。

不少研究语言和沟通技巧的专家都认为:"你怎么说比你说什么更重要。"而说话语气就是怎么说的一个十分重要的方面。你说话的时候不仅向听众传达了你的字面意思,还向听众传达了你的思想情感,而说话时的语气就是我们的情感与个性的突出反应。你如果用不同语气说同样的话,就会起到完全不同的效果。所以,你就要学会控制自己的说话语气,以使你表达的句子能达到你所要表达的感情。

在不同的场合、对不同的听众、就不同的主题,你的说话语气也应该是完全不同的。如果邀请你在一个十分隆重的授奖大会上发言,那么你的基调应该是无比热烈而情绪高昂的;如果上司要求你对一个问题做出解释,那么,就该是诚恳而富有见地的;如果一所商业学校邀请你出席他们的开学典礼,而你是一位成功的商人,你不妨以过来者的身份和语气"教导"一下下面的学生。总之,就是要学会控制你的说话语气,并让自己的发音方式更有说服力。

对一个出色掌握语言艺术的人来说,仅仅学会完美地表达自己的思想还远远不够。更重要的是,他需要学会与别人进行互动交流,并且通过交流来表达自己的目的——这种目的可能是希望对方买你的货,可能是希望对方对你目前的处境表示理解、同情与支持,可能是要对方同意你的看法,也可能是希望对方提升你的职位。但无论这些目的能否达到,你都要注意一些更为一般的原则。这些原则是什么呢,用最简单的话来说,这种一般的原则是:在谈话过程中要尊重别人——从他的人格到判断力与智慧,你都要尊重,不要引起对方产生任何的不快,哪怕是轻微的不满,更不用说怨恨了;无论这次谈话的目的是否达到,你都要给对方留下一个良好的印象,这是语言艺术的另一个重要因素了。

5. 好口才为你倍添光彩

我们知道,会说话懂幽默的人,到处受人欢迎,讨人喜爱。会说话懂幽默,能够使人相识满天下,亦能使许多本来彼此没有兴趣的人开始互相了解;能在各方遭遇尴尬之时打破沉默破冰解冻,亦能替人替自己排忧解难,消除人与人之间的隔阂疑惑;能为自己在受人百般刁难之时撑开一把保护伞,反击别人时却能绵里藏针含而不露,不着痕迹;亦能让大家在高兴之余,再妙语连珠平添许多欢乐……总而言之,幽默的口才总是更容易受到人们的欢迎。幽默能使您心胸豁达、超尘脱俗、生气勃勃,能够有效地促进自己在事业、爱情、家庭和人际上的成功,使自己的生活顺利而又愉快。在日常谈吐中,能够对他人幽默,又能够对自己幽默的人,他的言语表达总是技高一筹。这种技巧既愉悦人,又给自己增添了不少光彩。

有人说,幽默就像一个神出鬼没的精灵,它随时降临在我们的周围,让人们愉快地汲取着它的灵气。它以令人愉悦的方式表达出说话者真诚、大方和心胸豁达,幽默的语言是人类在长期的艰难困苦生活中对语言的千锤百炼,经过不断凝炼变成为轻松简洁、情趣盎然的幽默语言。

有一年,中国电影"金鸡奖"与"百花奖"在北京同时揭晓。李雪健因为在《焦裕禄》里出色的表演而同获这两项大奖的"最佳男主角"奖。李雪健在颁奖会上致答谢词的时候说:"苦和累都让一个好人——焦裕禄受了;名和利都让一个傻小子——李雪健得了……"他话音刚落,全场掌声雷动。他恰如其分地运用对比的两句话,既歌颂了焦裕禄的高尚品质,又表达了自己受之有愧的心情,而且很有幽默感,给人留下了美好而深刻的印象。

6. 提高语言技能

　　语言,不但是人类有别于地球上其它动物的主要标志之一,而且是人类数十万年来繁衍生息、生存发展的一种重要法宝,特别是在人类文明高度发展的21世纪的今天,科技与信息革命掀起的新浪潮正汹涌澎湃,风起云涌,说话不仅是人们日常生活之必需,也因直接影响个人事业成败而成为影响整个社会进步的重要因素。

　　只要我们细察生活于自己身边的人就会发现,谈吐的缺陷往往可能导致个人事业的巨大不幸或损及所服务机构的荣誉与利益,小则导致家庭不和,大则引起国际关系的紧张恶化。在工商界,一个人的谈吐如何,往往影响着企业是否愿意聘请他工作、与之交往,或是否愿意投他信任一票与之发生商业关系。

　　一个人如果谈吐有障碍或者表达能力不足,则会被人低估他的能力,甚至会被人扭曲形象。一个人即使思想如星星般熠熠生辉,即使勤奋得如一头老黄牛,即使知识渊博得像一本百科全书,但若缺乏良好的谈吐能力,则往往成功的机遇比其他人要少得多,也往往难以达到自己的理想目标。

　　在古希腊、古罗马,说话能力备受重视,演说雄辩之风相当盛行。在当时的罗马,聆听演说成为人们日常生活中一种高级享受,演说家也比文学家占有更光辉的地位,论辩术则是一切高尚生活不可缺少的因素和装饰品。那时的人们宁愿将时间花在演讲、听辩论上,也不愿去听音乐、看比赛,更为有趣的是,许多哲学家同时又是演说家,他们在演说、雄辩与社交中形成了不少精辟、独到的见解。到公元前4世纪,在雅典更是涌现了安提芬、伊索克拉底、德摩西尼等著名的"十大演讲家"。西方社会这种充分重视人的说话能力、充分重视人的演讲与雄辩能力的良好习惯,一直发扬光大,流传至今。现在许多国家首脑竞选,竞选演说往往是决定其成败的重要因素。

　　很显然,能够赢得鲜花和掌声的语言表达才是最有水平的。人们都希望自己能够拥有这样的说话水平,这就像人们都希望自己能够经常获得鲜花、掌声和众星拱月般的拥戴一样。因为,高超的说话水平能够使人获得至上的成功!

7. 学会与人交谈益处多

　　懂得享受交谈,并擅长此道者,就可被称为说话高手。这些人个性风趣幽默,容易与人相处,而且事业有成——原因之一就在于他们经常与人攀谈。

（1）沟通能力最重要。

为了了解说话高手的成功秘诀，取得他们的最佳建议与提示，美国一位学者设计了问卷，寄给国内一些说话高手填答，他们在答卷中，都提到的也是最不可忽视的一点就是：大家都很肯定"闲谈"的重要价值。他们一致表示，寻找共同兴趣是一种引发交谈的方法。从天气、塞车到客户办公室的家具，样样都值得一谈。这些题材不但可以作为对话的开场，使交谈增添趣味，也可以使对方感到自在。

那些总裁或领导者的身上有些什么特质？美国《表现》杂志定义的七项领导者特质中，沟通能力跃居榜首。

这些人的另一项共同点就是：将成就归功于自己的沟通能力。无论是公司总裁、老师、组织代表、科学家、管理合伙人还是拥有自己客户班底的合伙人，无一不将说话能力视为自己成功的关键。

（2）拓展个人生活。

说话技巧不仅为那些总裁或领导者带来事业成就，更为个人生活增添乐趣。这些说话高手纷纷表示，沟通能力带给他们丰富优质的人际关系，使他们享有更多朋友、频繁的活动和较高的社会地位，也更有机会从事他们喜爱的活动。

光凭聆听并不足以构成优质的对谈，说话高手除了聆听，更懂得反应与回馈。美国职业演说家及销售训练员沃克发现：真诚的人希望能与对方做有益的双向交谈。所以，只有倾听仍嫌不足，必须二者兼备才行。

（3）拥抱人群与生活。

喜爱人群是成为说话高手的必备条件，美国自由记者伊斯曼说："无论对方是否能为你带来机会，你要'尊重并热情地善待每个人'。"

无论是说话或聆听，说话高手均表现了极大的热情与活力。

许多说话高手并不是天生的高手，原本他们都很腼腆，但他们学着喜爱说话的艺术，后来就渐渐地掌握了其中精要。由于他们博学多识，因此从来不缺乏说话题材。他们会"大量阅读，尤其不放过每天的报纸，因此总有谈不完的话题"。

许多说话高手还会去打保龄球、扑克牌或网球、打猎、钓鱼，或是听音乐，但更多的是，为了让别人参与他的谈话中来，说话高手会去谈论自己平日不做的活动。

（4）高手从小养成。

有些说话高手从小就在家里养成了说话讨论的习惯，有些人则不然。

让孩子一开口就招人喜欢

维尔拉是一位成功的多重沟通者,她在说话时兼打手语,擅于倾听,更是一位细腻风趣的说话高手。她认为,家中兄妹和母亲对她的鼓励,对自己的说话技巧的提高颇有助益。她说:母亲常发表对某些事情的看法。然后问我们:"想像一下,如果这种事发生在你身上,你会有什么感觉?"母亲期望我们有所反应。

有一名妇女,她将自己的销售成就归功于卓越的说话技巧以及家乡的成长经验。她说:"京城实在很大,我会遇到成千上万的人。不过,我只要准备好四五套说话的方式,轮番派上就行了。反正对不同的人来说,每次都是新的对话经验。可是,在我们家乡就行不通了。我得扎实地学会说话技巧,在沟通中谈出点深度。因为当地'小国寡民',大家不时碰面,谈话意义显得不十分重要,但是你也得仔细听别人讲话。"

8. 广泛阅读提高说话水平

(1)开卷有益。

说话高手多半认为,广泛的阅读兴趣对自己的成就绝对有帮助,他们阅读各种报章杂志、工业刊物,任何有机会读到的书籍都不轻易放过。

他们至少每天都会读一份区域性及全国性报纸来增加自己的知识储备,某高手表示:"为了与人谈话,你的消息一定得十分灵通才行,为了消息灵通,你一定得多读书。"读报获得的消息给了我们谈话的自信与从容。

"阅读"就是给聊天说话做准备。如果你的阅读量足够大,很可能会知道某人的大名或公司,至于记不记得这些信息出自何处,或是曾经听过这些名字,这都不重要了。至少在谈话一开始时,我们可以问:"你的(公司的)名字听起来好熟,我是不是最近在哪儿看过?"同时,我们不妨阅读自己工作领域或领域之外的书籍杂志。它们能够使我们通晓世事,便于与其他行业的成功人士顺利地进行交谈。

报纸为我们提供了一般性话题的信息(交通、堵车问题、天气等),也囊括了许多地方新闻。天气更是人们进行谈话绝佳的话题,因为每个人都会遇到,要是天气出现异常就更可以拿来入话了。1999年的长江洪水、北京的沙尘暴、华东地区有史以来最热的天气等,都可以搬出来和大家大谈特谈。

成功的说话高手要如何利用报纸上的新闻来打开话题呢? 请看以下六大要项:

①仔细阅读报纸焦点新闻栏。

②浏览报纸头版,检阅每则新闻的标题。

③阅读每则相关或有趣报道的第一段——导语。因为记者撰写导语时，一般都按"何人、何事、何地、何时、理由及做法"的格式来写。

④判断该文章是否重要，看它能不能引起你或客户的兴趣。

检阅全国性报纸每个版面，我们固然可以得知首都新闻、运动或商业消息，但知道自己居住地区的文化新闻同等重要，因为你的客户或潜在客户很可能是某慈善会、芭蕾表演、网球赛、高尔夫赛或长跑竞赛的赞助厂商。你可以借此决定要不要买票、送送花篮，或是寄张贺卡。

如果已看了全国性报纸的全国新闻或国际新闻，地方报纸上的这类新闻即可省略，以免浪费时间。

当你已"看过"报纸了，知道国内外及地方上发生了什么事，也知道有哪些比赛、商场消息（公司的合并和产业新闻）、娱乐新闻，以及地方和全国气候之后，你要如何让这些信息为你的闲谈服务？以下几个主要问题，能让你将新闻轻松带入闲谈之中：

"你是怎么挨过这场暴风雪的？""你有没有受到洪水波及？"

"你花了多长时间把门前雪铲完了？""你家的保暖工作做得如何？"

"你有没有继续关注那场审判？"

"昨天的比赛看了没有？好紧张啊！""你觉得世界杯谁会赢呢？"

"你喜不喜欢某某球队？""你是某某队的球迷吗？"

"这是你第一次参加全国大会吗？"

"你怎么会想去当兼职？"

"你是不是常去钓鱼，最喜欢的钓鱼场在哪里？你会不会飞钩钓法？钓草鱼吗？你会不会自己熏鱼？"

问完以上诸多问题之后，你还可以适时再加问你的朋友一句："你有什么感想？"

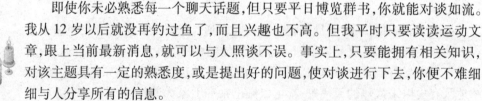

即使你未必熟悉每一个聊天话题，但只要平日博览群书，你就能对谈如流。我从12岁以后就没再钓过鱼了，而且兴趣也不高。但我平时只要读读运动文章，跟上当前最新消息，就可以与人照谈不误。事实上，只要能拥有相关知识，对该主题具有一定的熟悉度，或是提出好的问题，使对谈进行下去，你便不难细细与人分享所有的信息。

（2）与人分享。

你是否常会说："这件事情我知道，只是我忘了从哪儿知道的。"

当你想要记住某个重点、某个稀奇古怪的标题，或是一篇有趣的文章，这里给你一个不错的方法，那就是：阅读、剪贴、归档，并于日后温习。别忘了标明文章的日期与出处。有时精彩的谈话就是来源于此。

此外,我们也可以将重要、有趣或与对方相关的文章给相识的人看,来培养人际关系。你只需在剪下的文章后附张短笺就行了,不妨在上面写道:

"读到它,我就想到你。"

"恭喜你得奖,祝前途无量。"

"多寄一张照片给你,可与家人分享哦!"

这算哪门子对话? 这是另一种传达信息的方式,这表示:"我聆听了你的话,不但记得你,还很重视你,因此,我不厌其烦剪下这篇文章寄给你。"

无论你是否亲自参与这些活动,你都应该对这些题材多少有些认识。女人需要阅读体育版,了解球赛、球队及比赛得分,男人也应该阅读生活版,并吸收社区、电影、书籍、文艺等信息,如此一来,男女之间便有相同的题材,彼此都可以找到话题来一起讨论。

(3)另类交谈。

许多专业机构多有自己的专刊或杂志,里面尽是专业活动、观念及信息,同时提供了机构人员及发起人的姓名。我们完全没有必要记住刊物的内容,只要熟悉刊物和它能提供的信息类型,以便查询即可。

如果我们发现一篇"发人深省"的文章,可以写封短信给作者或编辑。要想补充意见或发表异议,可以主动提供一篇立场迥异的文章。假如有人问你是否看过刊物中的某篇文章,而你并未读过,不妨实话实说,并向他问道:"文章里写些什么?"然后聆听对方的简述及评语,从而展开一场对话。

(4)科技时代的来临。

除了专业杂志,在报纸的产业、新闻及生活版,我们也会读到大量的科技信息,而科技又是现代人必须熟悉的题材之一。

假如对方不懂电脑,你们还是可以谈得来。你可以谈谈自己怎么从电脑文盲变成电脑迷的过程。

此外,科技知识也是"流行文化"的一环,因为在电视与电影情节中,电子邮件等聊天工具已经成为解决疑云或乱点鸳鸯谱的帮手。在现代社会里,人们无不是在科技世界里流连、学习、讨论并行动。

广博的知识是无可替代的,而博学的最佳途径就是阅读、阅读、再阅读。

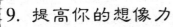

9. 提高你的想像力

想像力对于一个人来说是非常重要的,它可以丰富人的思维,促进思考,还可以用来幽默,使人妙语连珠,从而让一个人很快被别人接受,并给人留下良好的印象。

(1)提高想像力的十种做法。

①看看天花板的污渍或天空中云朵的形状,然后在脑海中描绘出它的形象。不能只是做一次或两次,做了好几次后,就会出现效果。

②在公共汽车车厢,看见某杂志周刊的广告,或是看了某本书的题目,便想像其中的内容,然后,与实际的内容做一比较检查,如此一来,就可以充分地把握自己的想像力。

③看书时,采用跳读方式;跳过的地方,运用想像力想像它的内容。

④看过电视转播的运动比赛以后,想像第二天报纸的标题,以及报导内容。

⑤以琐碎的小事和资料为基础,创造出一个故事。

⑥和人见面以前,事先预想会面时的状况,并且设想问题。

⑦对于尚未去过的地方,想像它周围的风景,建筑的样式,以及室内的摆设。

⑧边看推理小说,边推测犯人。

⑨从设计图、地图、照片,想像实际的情况、实际的地方和事物。

⑩重视联想。如果开始联想,中途绝不要打断,要一直想到极限。这种飞跃性的联想是个好办法。

(2)运用丰富的知识提高自己的想像力。

第一,要积累渊博的学识和丰富的经验。想像无非是对已有的知识、表象和经验进行改造、重新组合、创造新形象。因此头脑中储存的表象、经验和知识愈多,就愈容易产生想像。一个孤陋寡闻的人是很难经常产生奇想的。

第二,要善于把不同种类的表象加以重新组合以形成新的形象。《西游记》中的猪八戒这一艺术形象就是用这种组合法想像出来的。

第三,要善于把同类的若干对象中的最具代表性的普遍特征分析出来,然后集中综合成新的形象。"阿Q"的形象,就是鲁迅先生用这种方法想像出来的。阿Q的原型"没有专用过一个人,往往嘴在浙江,脸在北京,衣服在山西,是一个拼凑起来的角色"。

第四,要善于抓住不同事物之间的相似性进行想像。想像可以通过一个比喻的途径来完成。如人们常常把"爱心"比作滋润心田的雨露,从而使这个抽象的概念具体化。比喻的关键在于发现不同事物之间的相似性。

第五,要善于把适合于某一范围的性质扩展到整个等级。想像也可以通过一种夸张的途径来完成。夸张的关键在于通过用一个具体的局部去代表未知

让孩子一开口就招人喜欢

的整体从而使这个整体具体化。如当人们只看到月牙时,他们就认为自己看到了整个月亮,这就是通过夸张来想像。

10. 克服害羞的妙招

为了个人前途,也为了事业发展,克服害羞对我们有利无弊。害羞的人往往给人一种疏远、冷漠或高傲的感觉,那会造成许多负面影响。

有些特殊方法可使我们克服害羞,以下是克服害羞的速成方法。

要成为说话高手必须克服害羞。说话能力是职场的最基本的一个环节,无论你是雇员或老板,最好都能培养自己掌握这项技能。

与人为善。微笑,以眼神相视。害羞的人比较能专注于说话的对象,不会边谈边飘动眼光,所以很自然便能做到这点。

练习向周围的人讲述几件身边发生的事,或是在聊天中引用别人的生活经验。谈谈你对小孩、老板、度假或工作环境的想法,或是在交谈中引用电视节目里的台词。这些内容可以是有趣、有激情或"引人侧目"的。别忘了,说的时候把趣味点和重点摆在最后面。

参加一些演说表演或即兴课程。也许你会遇到其他害羞的人,这时你可以在安全的情境下学习冒险。

反复练习。微笑,打招呼,且随处与人攀谈。无论是参加婚礼、运动、散步或是搭电梯,别放过任何一个机会。咬紧牙,冒点险,无论你说点什么都行,你会开心地发现,90%的人都会给你善意的回应。

你还可以尝试与老人聊天,也可以多到超级市场与人搭话,这些闲谈会是很好的"练习",好处很多,有时也相当精彩,因为这些经验丰富的购买者可以给你许多良好的建议,也会谈到他们的经验与故事。把注意力专注于别人身上有助于减轻自己的恐惧,勇于与人交谈。

那些自认害羞的说话高手如何克服害羞的心理?

方法之一,把注意力专注于他人身上,或者是在各种交际场合中以主人自居,为客人引介,使他们觉得受到欢迎。

此外还有另一个方法:下次参加活动时,你设法与"重要"人士(如公司总裁、官员或名人)交谈。千万别以为这些颇具来头的人会摆出冷漠高傲或不想理你。据统计,他们害羞的比例,可比冷漠高傲来得更大哟!

在这些场合中你可以随便说点什么,引他们开口,化解彼此的生疏。你也可以谈点自己的事。别忘了,重要人物也有过童年、子女、使用电脑的经验、母

让孩子一开口就招人喜欢

15

校、嗜好、兴趣。

再次强调一点，对谈是建立情谊、信任、人际关系的一种必经过程。诺卡保险总裁纽顿这样说：任何要别人来屈从自己的人，对谈话内容的贡献都会很有限。

11. 建立恰当的话题

不管你是否是一个害羞的人，在参加会议或招待会前，不妨先准备好几个谈论的话题。你也可以将某些一般性生活话题融入会议话题里。例如：

运动。

天气(天气好坏及恶劣的气候)。

地区性新闻事件、地方学校活动。

电影及艺术节、拍卖、社区剧场、电视节目。

交通或停车问题。

最近的电影或电视奖项、畅销书、图书馆藏书拍卖、杂志文章。

嗜好(集邮、拼布、跳舞)。

政治、政客、丑闻。

念过书的学校(中小学以后)。

场地、活动本身(婚礼、会议、产品预展、商展、50周年结婚纪念等)、宴会主人。

此外，生活中各种有趣的故事俯拾皆是。所以，你不妨借用那些职业演说家的点子，从报章杂志或个人经验中收集各类精彩短文、妙语及箴言，将它们用到自己的每一次谈话里。也别害怕引用"经典"故事及老笑话会被嘲笑。

记下并重述摘录的话，会使你在对话的时候增色不少。这些话反映了人们的共同喜好，也许会引发大家的普遍共鸣。

(1)真心赞美。

如果你下定决心克服害羞，尽吐心中想法，还得学会掌握时机。真心的赞美是展开一段有意义的谈话的方法之一，人们喜欢听别人对自己表示出感激、赞赏与注意。若能把握时机，找到可谈的话题，谈话便不再是一件难事了。

(2)借花献佛。

你自己虽不曾浪里泛舟、攀爬危岩、在沙漠里长跑、激流行船，也不曾从非洲跨游欧洲，但你的某位朋友或许拥有不少这类经验。因此，你若遇到冒险游历之类的话题，就可以借用这位老友及他那些动人的冒险故事。

（3）求教于人。

你还可以通过求教于人的方式，与对方展开一次对话。不妨把这些问题记下来以便随时运用。

"你觉得如何？"

"你怎么会对……有兴趣？"

"我想去学××（如高尔夫、网球、瑜伽、健美、电脑），你的建议呢？"

这些问题最能凸显出对方的长处及经验了。求教于人也是一种放松自己的方法，更是克服害羞的绝招，即使我们尚未做好谈话的万全准备，这一做法也能让我们与人展开轻松的谈话。

（4）增进语言能力。

你是不是因为对自己的说话能力没信心，而不愿与人多谈？或者是因为在一个地方人生地不熟，而不想多说？

如果因为这些原因阻碍了彼此的沟通，那么以下方法将有助于你克服这些困难：

制订目标。每天学习一个新的生字，你可以在你的书桌上摆一大本词典，每遇生字，便查它一查。

每当聆听"漂亮的措辞"，记下自己特别喜爱的词句。

上课。许多公司会提供增强语言技巧的研讨会及课程，社区大学也开授这类课程。

多听中央电视台新闻节目，新闻节目里语言文法正确，这是可以免费学习的标准语言范本。

想要改善语言的能力，就要多花时间，下苦功夫，持之以恒，如此才能大幅度提高自信及谈话的质量。

（5）意外的收获。

说话高手都知道，只要使用得当，沉默会让谈话取得意想不到的结果。

如果大家同时一起开口，就没有人听话了。适当的沉默或停顿可以在谈话中空出时间，让众人得以消化信息、理解资料。

不过，沉默也完全有可能走向它反向的一面：在表演、评论、销售会或家庭节庆聚餐时你若还保持沉默，必然把活动搞砸。

（6）偶然的惊奇。

世界充满着许多偶然，许多精彩的对话及人际关系都是在偶然中促成。

一位谈话高手带着儿子在湖边排队等待滑雪缆车时，注意到一名与他岳母年龄相仿的妇人。"我开始跟她闲聊，儿子们则在一旁翻白眼，结果我发现，这

17

让孩子一开口就招人喜欢

位妇人在湖边有栋房子,专门出租给人度假。后来她把房子租给我们,而且只收滑雪季节的半价费用。"

所以只要我们撇下害羞,能够主动与人接触,让别人自在地与自己谈话,你一定会有许多收获。这还会使我们更加自信,并带来许多良好的人际关系与商机。

12. 运用语言的机智和幽默

曾经有人说过这么一句话:"人若有一颗快乐的心,胜过任何灵丹妙药,它可以治疗心理上的百病。"

那么快乐的心又从哪里来呢? 机智和幽默如果运用得当,就可以给周围的人们带来无穷无尽的欢乐,让每一个人拥有一颗快乐的心。

机智是以一个人的智力为基础。凭着机智可以把毫不相关的两件事情,巧妙地使之联系在一起。它可以让我们在文句上不断地搬弄出层次不同的花样,这不一定会使人发笑,但一定会让人惊诧和兴奋不已。

至于幽默,它和机智是有所不同的。幽默所构成的条件,并不是字眼方面的玄虚。它有时只是一个得体的自我玩笑。譬如,一个人头上戴了华丽的帽子,鼻子上架了副精致眼镜,走起路来神气活现。不料正在他自鸣得意的时候,突然脚底下踩了一块西瓜皮,一下滑倒,四脚朝天,这样的狼狈相当然是非常可笑的,因为他本来不可一世的威风和跌倒后的狼狈样正好形成了一个鲜明对比。反过来说,他如果是个衣衫褴褛的穷人,一副可怜样,跌倒根本不会引起人们注意,因此也就没什么可笑了。

幽默与机智,在交际上可以让你鹤立鸡群,显示出你的独特的聪明才智,当然也可以引起别人对你浓厚的兴趣,还可以缓和紧张的气氛,使大家快乐相处。

用机智和幽默去鼓起他人的兴致,别人将会对你万分感激。你在不经意间说的一句笑话就如一缕阳光驱散乌云。一切怀疑、郁闷、惧怕都会在一句妙趣横生的笑话中烟消云散。

机智运用得当,可以化解对手的故意刁难,可以解除尴尬的局面,赢取别人的鼓掌喝彩。

这里举一则有名的笑话,它足以看出一代幽默大师马克·吐温的机智。有一回马克·吐温去拜访法国名人波盖,波盖竟然取笑美国的历史太短:

"美国人无事的时候,往往爱想念他的祖先,可是一想到他的祖父那一代,便不得不停止了。"而马克·吐温则以充满诙谐的语句说:"当法国人无事的时候,总是尽力想找出究竟谁是他的父亲。"

当然这一类的机智是十分敏感的,不是所有场合都能运用,因为它可以把一粒火星煽动成白炽的怒焰。你和对方争辩时,若用这种敏感的笑话,你不是全面胜利,就是一败涂地。所以,若非迫不得已,你千万不要随便拿出来尝试。

各种不同的幽默之间是有区别的,有些是文雅的,有些则暗藏杀机,有些是高尚的,而有些则是庸俗的。那些庸俗的幽默如同讥笑,往往一句普通的讥讽话便会使人当场丢脸,反目不悦。所以,我们应该多说高尚的、文明的幽默话才对。

一味地说俏皮话,无节制的幽默,其结果反而变得不幽默。

譬如,你把一个笑话反复讲了三遍、四遍,起初人家还以为你很风趣,到后来听厌了之后便一点都不觉得有趣。

如果你想在别人心目中有一个端庄高雅的印象,那么你就要避免说幽默话。说幽默话时要注意自己的身份、场合和说话对象,有时可以说,而有时却不能说。

说笑要十分注意,因为它有时也会使人感到不愉快。其原因是它说的不是地方或时间不恰当。譬如大家正在聚精会神地研究一个问题,而你忽然在这里插进一句毫无关系的笑话,这不但不会引人发笑,反而还会自讨没趣。

如果你的幽默含有批评的意味,或带有恶意的攻击,那么,这些话你还是不说为好。

13. 增强当众说话的信心

毫无疑问,每一个人都希望自己具有从容自如的说话信心,梦求自己能展示超凡脱俗的说话魅力。但是,我们须知,说话的信心和魅力,与说话的水平和技巧是休戚相关的。敢于说话而不善于说话不行;善于说话而不敢说话,也不行。只有既敢于说话又善于说话,这样才会如虎添翼、锦上添花,产生良好的交际效果。

然而,不知我们曾否反躬自问:"我会说话吗?"这是一个看似十分简单而又颇为深刻的问题。

这里所谓的"会说话",亦即善于说话,就是指说话者能够准确自如、恰到好处地表达出自己的思想、感情、意图等,能够把道理讲得条分缕析、形象生动,能够轻松自然、简洁明了地使他人听清和理解自己的话语。同时,善于说话者能够从与他人的交谈之中,测度他人说话的意图,得到有益的启迪;而且还能够通过谈话,增加自己对他人的了解,跟他人建立起良好、和谐的友情。由此可见,是否善于说话与是否敢于说话,二者均举足轻重,不可偏废。

是否敢说又善言,这对我们每个人的生活、事业乃至闲暇娱乐都产生着至关重要的影响。在生活中,敢于说话又善于说话的人,处处都受人喜爱和欢迎。他能使许多本不相识的陌路人走到一起,携手共进;能够排难解忧,消除人与人之间的误会与隔阂;能使苦闷、郁郁寡欢者得到安慰,使悲观厌世、不思进取者得到鼓励,能够使自己周围的人变得更快乐、更聪明、更美好、更有作为。

敢于说话又善于说话的人,总是使人清清楚楚地明白自己的意图;不敢说话又不善于说话的人,则经常使人产生误解。敢于说话又善于说话的人,总可以很愉快地在各种场合取得成功;敢于说话又不善于说话的人,却不容易在谈话中使人信服,因而往往成为失败者,十分狼狈。由此可见,如何提高自己的说话信心和增强自己的说话魅力,对我们每个人来说都是十分重要的。

我们今天所生活的社会,是一个文化、科技与信息高度发达的时代,社会生活变得愈来愈复杂,人与社会的关系变得愈来愈密切,人们相互合作的需要也变得愈来愈强烈。同时,社会往来已是必不可少,"离群独处"更是很不现实。因而,说话的信心与语言表达能力,对任何人来说都显得愈来愈举足轻重。

从微观来看,我们每天、每时、每刻都可能会出现在一些不同的场合,而在这些场合我们都需要说上几句适当的话。如果这几句话的确说得恰到好处,那就能帮我们很大的忙,帮我们解决许多问题、克服许多困难、消除许多麻烦,对我们的工作、生活都大有裨益。

总之,我们每个人都要下苦功增强一下自己的说话信心,提高一下自己的说话魅力。只有这样,才会避免在社交活动中出现失败,才会避免工作、生活上遇到很多困难,才能促进自己事业的成功,使自己的生活变得五彩缤纷、舒心愉悦。

14. 人人都有害怕当众讲话的心理

善于言辞、谈吐自如,无疑对每个人的事业与生活都裨益无穷;能言善辩、口若悬河的演说家,更是令人艳羡,使人崇拜。但是,在我们的生活中毕竟不是每个人都拥有高超的语言技巧,我们周围也确实不乏存在不少不善说话、沉默寡言之人。

随着人类社会的不断发展,人类文明的日益演变,人类的语言也渐趋复杂化、技巧化。同时,由于有些人天生性格内向、性情孤僻,这样便有人产生了当众说话的胆怯心理。

"我总是不敢在人面前讲话、发言，那会使我心跳加快，脑中一片空白……"有人坦然地承认自己说话的胆怯，而且对此颇为苦恼。

不过，往往每一个说话胆怯的人都以为怯场的只是自己，以为别人并不怯场，总是在想："为什么只有自己这样呢？"其实，那并非某个人特有的现象，而是人人如此，只不过别人对于怯场状态不注意而已。

心理学家们通过研究发现，大凡人，都或多或少的在说话方面有些不健康的心理，而紧张和恐惧便是这些不健康心理的突出表现形式，是影响人们进行正常说话和语言交流的明显障碍。

可以毫不夸张地说，人人都可能在说话前后或说话过程中出现紧张、恐惧心理：性格内向、沉默寡言者如此；天性活泼、思想活跃者如此；即便演说专家、能言善辩者也不例外。

每当我们打开电视机时，往往会被一些潇洒大方、表达自如的节目主持人所深深折服；每当我们拧开收音机时，也往往会被一些口若悬河、音色优美的播音员所倾倒。其实，他们也并非我们所想像的那样说话时无忧无虑，应付自如。他们也一样常常怯场。据闻，日本有一位演员临近自己拍片的时候就想上厕所，甚至一去就是 5 分钟。美国某播音员，起初每临播音，都要先到浴室去洗一次澡，不这样，播音时就不能镇定自若，如果碰到外出进行现场直播，他便不得不提前到达目的地，并在直播现场寻找浴室。

既然人人都有可能出现说话胆怯的情况，那么，怯场则是一件非常正常的事。如果有不论在何种场合气色都毫无变化、心脏的跳动也完全没有变化的人，那才是异常。

日本有位专家认为，人类用以视觉为首的五官来感知外界的动态，并随即采取相应的行动。所谓"怯场"一事，乃人体器官正常动作的一种先兆，这种动作是当我们见到大庭广众，或见到意想不到的陌生面孔等之后，五官感受到了，并对之做出反应，明显症状是脸红、心扑通扑通地跳、语无伦次、词不达意等等。如果此刻说话者想到："怯场啦！怎么办呀！"他就会因慌张而说不出话来。但是，如果他当时想到："换了任何一个人遇此情景，都有可能怯场！"那他心里就会踏实多了，并随之而镇静下来，很快恢复正常。所以，正确地对待怯场非常重要。

让孩子一开口就招人喜欢

15. 不敢当众讲话的原因

虽然人人都可能会有说话胆怯的心理,但造成这种心理的原因却又可能是千差万别、各种各样的。比如,有的人可以跟亲朋好友聊上一两个小时,有的人跟人打起电话来一聊就是老半天,且话题源源不断,越说越起劲,有的人经常能说出一些让人大笑或使人感兴趣的事,可谓是相当会说话,但是,真正一到了正式场合,面对一大群人(或是广播用的麦克风)他们就不知所措了。这是为什么呢?

有的学者通过长期观察发现,造成这种紧张、恐惧心理的原因主要有三种。

(1)不想献丑。

这些人的想法是:只要我不在他人面前暴露自己的短处,别人也就不会知道我的缺点。但是一旦在众人面前说话,自己的粗浅根底、拙劣看法都会完全暴露出来了,那么从此以后,还有自己的立足之地吗? 所以,不说话更稳妥。

不过,持有这种想法的人应该想一想,一个人尽量不暴露自己的短处,那么他的长处又能充分发挥出多少呢? 如果自己的长处发挥受到严重影响,无疑也会影响到别人对你的看法——别人有时甚至会以较低的水平来评价你。有的人怕自己的才疏学浅被别人知道,于是就装出一副什么都懂的样子,结果弄巧成拙,被人笑话,实在可怜可鄙,而且根本没有必要。其实,只要你认真地发挥全力,诚诚恳恳地把话说出来,不必踮高足跟来充内行,相信必会有不错的表现。

同时,作为现代社会的个体,人具有高度的社会化,一个人无论是生活还是工作都绝对免不了要与社会接触、与他人接触,而说话则是人与社会接触、与他人交流的最重要手段。所以,可想而知,一个不想说话的人则肯定会为现代社会所不容,被现代社会所淘汰。事实也证明,就连聋哑人也需要用一种特殊的语言——手语来进行交际。

(2)不知道该如何组织说话的内容。

大部分人一到正式场合便怯场,脑海里一片空白,不知道自己该说什么,其实,只要我们看清造成自己紧张、恐惧心理的原因,科学地分析它,就会意外地发现根本没有什么好怕的。这样,我们就能从容冷静地组织出说话的内容了。

(3)可能是因为在某个场合说话产生了不好的效果,便吸取"经验教训"、因噎废食,这种情况酷似"一朝被蛇咬,十年怕井绳"。

试想,一个不善言辞的人和一个一流的演说家,同样在人前发表意见时,谁

让孩子一开口就招人喜欢

的压力比较大呢？对于一个不善言辞的人，社会上的人士或听众并不会对他有多大的期待，他要是想想这点，就不应该紧张了，就可以安心了。然而，对知识广博、谈吐自如的演说家，大家却都寄望于他，会对他的演说做录音、记笔记，这样高度的关心和注意，理所当然会给台上的他造成巨大的心理压力。因此，那些被视为大人物者，在上台演讲或致词前，自己的心情经常是非常紧张的，只不过别人很难看得出而已。

如果一位知名人物，在承受巨大的压力时，却一点也不紧张的话，那只能说他对这种压力毫不在乎，因为只有当一个人达到了几乎看破了一切的境界，他才能真正保持镇静，但是，对于一位说话技巧不够娴熟的人来说，恐怕还很难达到这种心境。他很可能在上台之前不停地想着：我一定要成功，绝不能出丑，绝不能失败。有时候甚至祈祷：愿老天爷保佑我的说话成功。然而，一流的演说家上台前，唯一想到的是：我一定得上台，如果演讲中出了什么差错，应该像以前那样轻松自如、不着痕迹地尽快挽救，切不可因出错而慌了手脚。

16. 如何克服胆怯的心理

不敢说话是表达中的一大心理障碍，一定要用巨大的勇气和胆量坚决将它克服。这里首先要求说话者客观分析自己的口才情况，找出产生说话胆怯心理的原因，然后再对症下药。下面不妨介绍几种非常简单而又行之有效的方法。

（1）仔细回忆，把以前自己被人笑过的事实一一追忆出来。不敢说话的人也许在某个年龄的时候，在某些人面前，因为什么事，被别人所笑，使自己受了巨大的刺激。如果他把那以前笑过他的人或使他人笑话的某些话，在回忆中找出来，让自己认识清楚怕羞的来源，挖出怕羞的根，这样就不觉得有什么可怕了。

（2）解剖事实，分析情理，寻求解决途径。说话怕羞的人可以这样想想：如果某一个人取笑了你说话，不等于每一个人都取笑过你；如果你的话可笑，那并不是你所说的每一句话都会让人取笑；如果你的话可笑，那别人笑的只是那句话，而不是你本人；而且，谁都知道，谁都被他人笑过，这是很平常的事。还有，如果那个笑你的人是一个以取笑别人为乐的人，那么大部分错则不在你身上，而在喜欢取笑别人的那个人身上，要想摆脱这种处境，最好以后尽量避免在这个人面前说话。

（3）把自己在现实生活中的遭遇，特别是关于说话之类的事反复地想一想,认真地清醒一下自己的头脑,正确地对待一些是非问题。比如,自己可以反省一下:自己为什么怕人笑呢? 自己说的话真的值得被人取笑吗? 怎样才能避免被人笑话呢? 是不是自己说话本来就缺乏自信而致使别人笑话呢? 究竟怎样才能克服自己的弊端、提高自己的语言交际能力呢? 如果说话者能够真正地把这些问题分析清楚了,查出了问题的症结,那么所有的一切也就容易解决了。

取笑他人的人总想用压低别人的方法来抬高自己,总以打击别人的自尊心、摧毁别人的自信心为荣。这是一种十分卑劣的行径。如果我们因怕人取笑而不敢说话,那么不仅会给交际带来困难,而且还会使自己的性格和心理受到影响;如果我们不能克服这种怕羞、胆怯、自卑、优柔寡断的心理障碍,那就更会有口难言、欲表不达。所以,一个有修养的人,一方面不要因为别人取笑就什么都不敢说,另一方面千万要告诫自己不要沾染上随便取笑别人的恶习。

最后值得注意的是,要是遇到那些因为怕羞而沉默寡言的人,我们应当体贴他们、同情他们、尊敬他们、鼓励他们,使他们大胆地开口、自由地说话。切忌以为他们不敢说话,便是一无所知,其实在他们心中也不乏真知灼见,藏着许多闪光的东西。

让孩子一开口就招人喜欢

第二章　语言基础训练

1. 心理训练

大凡不善于在众人面前讲话的人,在其诸多原因之中,最主要、最根本的原因必定是由于心理上的障碍,这都是由于缺乏必要的临场的心理训练引起的。下面介绍一套简单易行的训练方法。

第一步:站立不语练习(练心)。练习者可互为听众轮流上场,也可让自己的几位朋友、同学、同事、家人做自己的听众。练习者站在一个高于听众之处,目视听众而不开口。此时练习者心里要进入讲话的感受之中,进行心理体验。

这一步练习是练"心"不练"口",每次站立 5 ~10 分钟,由于可以不开口讲话,这会减轻练习者的心理负担。这步练习直到练习者不觉得十分紧张为止。

第二步:随便说话练习(练口)。练习者在人前站立心理上已适应之后,即可进入说话训练。这时的讲话从内容和形式上,不要给予任何规定和限制。练习者要随心所欲,讲自己最熟悉的话。这时的练习者虽然心理上初步适应,但开口讲话还缺乏适应性锻炼,此时大脑或紧张或混沌一片,所以这一步练习只要求练习者能开口讲话就可以了,至于内容则可非常随意。

这一步是在练"心"的基础上练"口",讲话时间以 3 ~5 分钟为宜。练习者和听众可现场交流对话,轮流演练,直到练习者可在人前自如流利地讲话为止。

第三步:命题演讲练习(表达练习)。在前两步训练的基础上,练习者即可进入命题演讲练习。练习者和听众之间要反复交流,推敲练习者的有声语言、态势语言的力度、速度、表情等。此步练习不仅以练习者在"台"上让听众听不出练习者是在背讲稿,也不是在"演"为目的,而且要求练习者达到能够真实自如、从容不迫地讲自己的心里话。

第四步:即兴演讲练习(全面练习)。练习者的临场心理和讲话能力都有了一定的提高后,便可进行较高层次的即兴演讲练习。练习者以抽签来确定演讲的题目和内容,抽签后给予练习者 10 分钟打腹稿的时间。

此时练习者的思维处于一种高速运转状态,这对于提高练习者进行快速谋篇、遣词、炼句是很有必要的。由于此时练习者的心理处于"排练"的气氛中,所以对"失败"根本不十分惧怕,也就有利于其发挥在正式讲话时难以全面发挥的内在潜力。

以上四步练习法侧重于实践。初学者如果再辅以一定的理论指导,心理训练的效果就更为显著。

2. 思维智能训练

口语表达与思维智能是紧密相联的。在生活中,有许多人很多时候与场合只能"知"其然而不能"表"其然。这是一种"口拙于外"的语言表达障碍,完全可通过语智训练求得言语的机智与表达的巧妙。

下面介绍几种语智训练方式。

(1)词语速接。词语速接方式有很多,最常见的是成语速接。

首字接:由一人先说一句成语,这个成语的第一个字必须是下一个人说出的成语的首起字。如,当第一个人说出"一马当先"时,接下来便是"一步登天"、"一以当十"、"一败涂地"、"一本正经"、"一唱一和"、"一刀两断"、"一分为二"等。

尾字接:后面的接话者必须从前一人话语的末尾字连下去,可以用同音字接。如"胸怀大下"、"下不为例"、"力不从心"、"心想事成"、"成竹在胸"等。

(2)句子连接。两三个人即可进行,主持人先说一句话,然后每人接上与之意思相承的话,要求简洁生动,表意准确。

比如,主持人说:"今天天气很好",接下去是"是春游的好时光"、"我们将打点行装,8点出发","我们坐上汽车,一路欢歌一路笑","我们来到了向往已久的中山公园"……

(3)属对训练。属对,即对对联,这是我国传统语言教育中的基础训练方法。口头形式的交际联,由甲出句,乙对句,合作完成。甲、乙可以是个人,也可以是集体。

一字对:如"虎"对"龙"、"山"对"海";

二字对:如"如烟"对"似火";

……

易字对:由甲出示一副现成的对联,有意改去上联中一字或数字,要求乙改动下联中相对应的一字或数字。

增字对:由甲出上联,由一字增为二字、三字、四字、多字,乙对时也一一增字对下联。如:

甲:黄鹤楼

乙:黑龙江

甲:朝游黄鹤楼

乙:夜渡黑龙江

甲:三朋四友朝游黄鹤楼

乙:千军万马夜渡黑龙江

要求对时,做到字数相等、词性相同、结构相应、句式相似、内容相关、平仄相对。

属对是对语音、词汇、语法、修辞和逻辑的综合训练,是一种要求针对性、适应性、敏捷性较为严格的言语的听辨、理解、构思和表达的训练,使练习者能"急中练智"、"智中生智",将很好地培养富有适应性和敏捷择语的反应能力。

3. 记忆训练

要具备好口才,除了思维敏捷、灵活之外,还必须做好充分的准备工作,而充分准备主要是指对说话内容的熟悉,这就不可避免地涉及到记忆。不仅要记忆讲话的素材、语言,还要记忆你精心设计的讲话结构。只有从内容到形式都记熟了,才能有条不紊、脉络分明地表达出来。

在日常工作和生活中,有讲稿的讲话毕竟是不多的,无讲稿的即兴讲话倒是常有,比如座谈、讨论、论辩、会议等等,常常突然要你讲几句话,发表意见。面对这种情况,怎么办?

将大脑中储存的有关知识,随手拿来,稍加组织,为其所用。只要平时记住了大量至理名言、作家作品、科学术语、成语典故、寓言故事、史地常识、奇闻逸事等素材知识,表达时就能得心应手,挥洒自如。

因此,好口才无疑是借助于记忆得以实现的。因为记忆是人脑的一种功能,是经历过的事物在人脑中的反映和再现。通过记忆,可以储存信息,把有准备的讲话材料和无准备的素材知识铭刻在脑子里。即便没有稿子或抛开稿子上讲坛,说话都能如行云流水,滔滔不绝。以下介绍几种常用的记忆方法。

(1)诵读法。

记忆讲稿时,一遍一遍地念,大声地读,直至倒背如流,烂熟于心。人们接受外界信息时,由于接收的感觉器官不同,记忆的保持率也不同。专家试验证明:在接受知识时,如果用眼耳结合的"视听法",三小时后,能保持85%;三日后,可保持65%。可见,诵读法能明显提高记忆力,并且记忆的保持率很高。

（2）纲目法。

发表长篇讲话,可从主题和结构入手,列出讲稿纲目,即首先抓住主题,然后围绕主题,列出有逻辑联系的内容纲目,并用简明扼要的语言按一定的顺序排列标出,使之一目了然,以便进行提纲挈领的记忆。

（3）机械法。

事物缺乏内在联系,靠简单重复和死记硬背进行记忆的方法,叫机械记忆法。在一般情况下,记忆人名、地名、书名、日期、电话号码、门牌号码、数学公式等,都是运用此法。

在机械记忆中,我们也可以自创一些办法,借以提高记忆的效果,如对照法、顺序法、抓特点法等。我们还可以运用谐音、押韵、会意等方法,缩小记忆对象的信息量,灵活巧妙地进行记忆。

（4）口诀法。

把本身联系很少的材料,根据其内容要点,编成一些整齐对称、偶句押韵、琅琅上口、便于记忆的语句,使之富于趣味性。这种记忆方法被称为口诀记忆法。

口诀记忆法应用广泛,如许多农谚、节气谚语、珠算口诀、九九乘法表等,都是采用此法,使人们能快速、方便地记忆,又不易忘记。

（5）重复法。

遗忘使大脑皮层上的记忆痕迹不断淡漠,最终消失,而采用重复记忆法,可以加深大脑皮层的记忆痕迹。复习不仅有修补、巩固记忆的作用,还可以深化对知识的理解。通过重复还能逐渐达到知识的条理化、系统化。

总之,记忆的方法很多,我们要提高口语的表达能力,就要不断加强增强记忆力的训练。

4. 口才与思维同步训练

在口才表达训练中,采取口才与思维训练同步进行的方法效果很好。这种训练经常采用的方法有下列四种。

（1）模型设问法。这种方法就是教师有计划有目的地设计一个生活或问题模型,教师就模型多角度、多侧面、多层次地向学员进行系列提问,引导学员对模型进行多方位的深入思考,在此基础上总结出一套方法,并引导由模型向生活延伸。

（2）茶馆讨论法。此法是在轻松的气氛中就生活的某一现象或热点问题,师生各抒己见,展开自由争论。学员的发言不要求一定要有完整的章法结构,也不要求得出一致的结论,三言两语甚至只提一个问题都可以。

这种争辩,气氛热烈,言语随便,让学员们仿佛回到了他们的寝室里,可以没有任何顾忌的谈话往往显得话语流利,词锋锐利,思维敏捷。而且学员与学员之间,学员与老师之间,思维会发生多向碰撞,容易闪现新的思想火花。

(3)学员诘难法。就学员普遍关心的热点问题或生活模型,教师先提出自己的看法。这个看法可以是教师自认为较成熟的看法,也可以是故意留有或隐或现的破绽的看法。然后组织学员从多方面向老师发起诘难。这种形式实际上是前述"模型设问法"的逆变。

但这种形式有个好处,即让学员变被动为主动,便于充分发挥学员思维的主体功能。因为学员要诘难老师,就必须从新的角度思考问题。在这种形式中,学员设想的角度越多、问题越刁、言辞越激烈越好。

(4)模拟辩论法。就生活的热点问题,老师设计命题,学员自愿组成正方反方,展开论辩。这是一种比较正规的、有准备的口才交锋。

总之,口才与思维训练同步进行的方式,十分有利于口才表达能力的提高。它方法简便、灵活,学员兴致高,反馈及时,有利于思维的多向碰撞,容易激活学员思维,有利于提高学员思维的灵活性、敏捷性、新颖性和深刻性,有利于口才向更高层次的发展,适应更为广泛复杂的社交活动。

5. 听力训练

现代社会是一个信息化社会。当代经济的飞速发展增进了人们之间的交流,人际沟通、贸易往来、对外谈判等社交活动越来越频繁,对人们的听话能力提出了更高的要求。因此,我们必须重视并加强听力训练。

仔细地、不遗漏地听取对方谈话的内容,这是听力训练的基础。只有排除无意注意力干扰,加强有意注意力自控能力,全面提高自己完整接受信息的能力,才能准确地在对话中反馈信息。

边听边概括对方谈话内容的要点,这也是听力训练的一个重点。只有不断提高在听取对方谈话的过程中及时捕捉对方说话的要点的概括能力,才能较好地把握每次谈话要旨,有针对性地进行反馈信息。

在口语表达中,存在着许多杂乱无章、重复啰嗦、中心不明的谈话内容,听者需要剔除掉那些无用部分,整理筛选出真正有价值的东西,这是听力训练的另一个重要方面,其目的是加强整理筛选对方谈话内容的能力。

能从对方谈话中鉴别、揭示出暗含其中的弦外之音,是听力训练的最重要的课题。在许多特定的场合,说话人常常运用"双关"、"影射"、"比喻"等旁敲侧击的方法,来曲折隐晦地传递信息,这就需要听者细心鉴别,排除假象,把握要旨。

听力训练是一个非常复杂的过程,它牵涉到思维的适用、语言的表达、训练材料的筛选等一连串问题。训练听力的方法很多,一般可以针对自己最薄弱的环节实施目标分解训练。

在听话过程中,有些人毫无言语或神态上的反应,这会显得非常被动,让别人觉得他缺乏积极参与谈话的交流愿望,也使说话方失去与之交谈的兴致。有礼貌地听人说话是尊重人、尊重自己的道德行为。在听力训练中,我们应该有意培养下列几个方面的良好习惯:

(1)绝对不随便打断别人的谈话,不因为对方所讲的内容自己不感兴趣,或不符合自己的观点,就表示任何反感、不满,更不可心不在焉或随意离开。

(2)在认真听讲的同时,还要热诚地看着对方的眼睛或做其他的态势表情,始终保持专注的精神和入神的姿态。

(3)在对方的话引起你感情上的共鸣时,应做适当的点头、微笑,表示你对此接受、同意、赞赏,或沉默不语、专心致志,表示思考、支持、同情,尽量多给对方精神上的酬谢和慰藉。

(4)言语上也应作出积极的反应。或应答,或提问,或讨论,或承接,或提醒,或要求重申。如"对"、"是吗"、"嗯,是这么回事"、"后来呢"、"不错"、"再谈谈看"等应对语言,可根据听话内容、场合、气氛做灵活地插入。

6. 接力训练

一句话,接力训练不失是一种培养快速思维和快速表达能力的行之有效的办法。其具体做法是:以座次为序,每人讲一句话,要求每句话的开头一个字必须是前一个人所说那句话的最后一个字,即话与话之间要以预定的方式衔接起来。例如:

甲:今天我们上语文课。

乙:课堂上要注意听讲。

丙:讲话是一种艺术。

丁:"术业有专攻"是韩愈《师说》中的一句话。

那么,在接力训练中,每个参加者要注意些什么呢?

让孩子一开口就招人喜欢

（1）句子要完整。此项训练目的就是要培养组词造句的能力，要求每个人说的必须是一句完整话，而不能是一个词或一个词组。一般来讲，说出的句子必须有主语和谓语，否则，就不是一个完整的句子。例如，有人接"同"字，说"同舟共济"。有人接"上"字，说"上班去了"。"同舟共济"是个成语，"上班去了"是个动补短语，这些都不是句子。

（2）声音要洪亮。参加者说话的音量不能太小，最小也要以在场的所有人都能听清为限。在整个过程中，作为训练的"导演"，要对训练中出现的障碍和语言错误进行及时排除或纠正，如果听不清，就无法当这个导演。

在整个过程中，每个人自始至终都是以一个参与者的身份出现的，尽管每个人只能说一句话，在大部分时间里不说话，然而他们却会在倾听、在思索，心里默默地替别人构思句子，或评判别人某个句子的得失，从中汲取营养、经验或教训。所以，如果有任何一个人音量过小，别人听不清，他们就会感到乏味无聊。

（3）加强句子的知识性。句子的知识性要求每一个句子都能够传达科学、准确的知识。有人接"法"字，说"法人是指根据法律参加民事活动的组织"，有人接"惯"字，说"惯性是物体保持自身原有的运动状态或静止状态的性质"，这些句子就非常具有知识性。

（4）构思要快。径赛中的接力赛是以快为获胜的衡量标准，此项训练也是如此。这里的快并不是指说话语速快，而是指构思那句话要快。尽管参加者都知道自己在什么时候、在哪个人之后说哪一句话，但他根本不能事先打那句话的腹稿，他无法做这种准备。

从开始构思算起，到构思完毕、可以说出时为止，这段构思时间，应掌握在六七秒之内，最迟也不能超过十秒，如果超过十秒，就会使人产生"断路"之感，因而影响训练的流畅和紧凑，破坏训练的整体效果。这就要求每个参加者在属于自己的几秒钟里，要使自己的脑筋高速运转，以便在规定的时间内造出高水平的句子来。

下面介绍几种切实可行的快速接力的造句方法。

（1）从所接字的字音上入手造句。如接"的(de)"，可造句："的"字是个轻声；"的"字还念"的(dì)"；"的"字有好几个读音等。

（2）从所接字的字形上入手造句。如接"课"，可造句："课"字是左右结构；"课"字不是上下结构；"课"字右边是个"果"字等。

（3）从所接字的字义上入手造句。如接"多"，可造句："多"就是数量大；"多"的反义词是"少"；"多"的近义词是"繁"等。

（4）从组词上入手造句。现代汉语中双音节词居多，用所接字来组双音节词有两种情形，一是所接字在前，一是所接字在后。如果你组的词是所接字在前，那造句就不成问题了，起码你仍可在这个词本身上做文章。

7. 择语训练

人脑是一座天生的潜力很大的记忆仓库，人们有意无意地在里面储存了大量的语言材料。但这些材料的"因子"（词或短语）非常活跃，在脑子里总是呈不规则的游移状态。当迫切地要用到时，它往往躲躲闪闪不"蹦"出来，或者即使姗姗来迟，却往往并不适用。这样，就在很大程度上影响了表达的速度和准确性。

快速择语训练的目的，就是增强对大脑语言材料的驾驭控制能力；当然，它对词汇积累也有一定的好处。

（1）"火车挂钩"。"火车挂钩"训练就是用游戏的吸引力，让大家在竞争的气氛中，一触即发，词随口出，培养择词的敏锐反应力。

方法：由一人主持，进行类似"拈连"修辞格的接词游戏。课内课外均可进行。因学员储词不太丰富，"火车"可不必挂得太长。除以限定时间作控制外，还可分成若干小组，让大家一个接一个地"挂"，周而复始地进行。如：

①首字拈：自以为是、自食其力、自顾不暇……

②末字拈：前所未有、有始有终、忠心耿耿、耿耿于怀、怀恨在心、欣欣向荣……

③首字数序拈：一步登天、二龙戏珠、三顾茅庐、四世同堂、五湖四海、六神无主、七窍生烟、八仙过海、九死一生、十恶不赦……

④首字成句拈：刻不容缓、苦尽甘来、学而不厌、习以为常、为富不仁、四海为家、化整为零。（各词首字成句："刻苦学习为四化"）

提示：①为使训练顺利进行，谐音拈连也可放行。（如题例中的"末字拈"里，"终"与"忠"相拈）

②参赛者可聘请一位"顾问"，脱"钩"时作提示，如果提示后仍"挂"不上，则罚他讲一则成语故事。

（2）巧接话茬。对别人的口语表达能超前预测的人，一般思维比较敏锐，择词速度比较快，将其作为训练形式能够以动触动，用语意振波刺激被训练人的思维触角，训练出富有适应性的敏捷择语反应力。

方法：①主持人先讲一句"半截子话"，然后按序号每人迅速说一句与上句意思相承的话。要求简洁生动,接句中最好能嵌入一两个富有表现力的词或短语,讲后让大家评评谁说得精妙。

如:雾蒙蒙的春雨下个不停/正是早春天气/气候乍暖还寒/但毕竟是春回大地了/你看农民已牵着牛下地了/这叫"人勤春早"啊……

②主持人讲出一组排比句的前半截,每讲一句就让大家报出可以填入的适当的词(有时不止一个),最后形成并列句群。如:

金钱能买到伙伴,但不能买到(友情);

金钱能买到纸笔,但不能买到(文才);

金钱能买到权势,但不能买到(威望);

金钱能买到服从,但不能买到(忠贞);

金钱能买到躯壳,但不能买到(灵魂);

金钱能买到谄媚,但不能买到(崇敬)。

(3)近义语描摹。此训练就是培养我们用不同的词或短语去描摹事物的同一状态的能力。在"短平快"的特定表达要求下进行此项训练,具有一定的择语难度,催逼着我们去搜寻自己的词语"库存",并多方摄取生活中或书本里丰富多彩的语汇。经常做这种训练,就会使我们的应对语言更富有非凡的表现力。

它的具体方法是:先向大家说明近义语描摹的训练要求,就是用相近或相类似的词或短语,从各个不同的侧面或角度对某一特定事物作具体性描述,要求做到:言之有物,言之有情,给人如睹其物、身临其境之感。

在主持人出示话题后,让大家准备 1 分钟,然后按坐次每人说 1～2 句话,都说同一事物,语意可不相连贯,但表述不得重复。要接得快,讲得生动、准确。一轮 10～15 人,讲完后将录音播放,并让评委进行评议。

如:近义语描摹:说"冷"。

"北风打着刺耳的呼哨,冷气直钻衣领,彻骨的寒"、"玉屑似的雪末洒在脸上,冰凉冰凉的"、"屋檐上挂着一尺多长的冰椎,闪着寒光"、"一脚踩上硬邦邦的冰凌,滑进雪坑,浑身打着寒战,像泡进了凉水里"……

(4)对偶成趣。

方法:主持人提出上句,要求限定时间接对,从易到难,由浅入深,单人对或多人抢对均可。

如:本——末、荣——辱;

山河壮丽——岁月峥嵘;

生姜老的辣——笋子嫩的甜;

让孩子一开口就招人喜欢

门对千竿竹——家藏万卷书；

嘻嘻哈哈喝茶——叽叽咕咕谈心；

柿子拣软的捏——山芋拣硬的烘。

提示：用"对对子"训练拣词反应力是我国传统语文教学中值得肯定的方法。但作为择语训练，我们不宜讲求工对，限制宜适当放宽。

8. 微笑训练

在日常生活交谈中，微笑可以使人精神放松，产生好感和亲切感。因此，微笑训练并不是可有可无的训练项目。那么，微笑训练都有哪些技术上的要求呢？

这里介绍一个小小的诀窍，这个诀窍发明人是我国著名的电影表演艺术家孙道临。他说你在微笑时只要在嘴上念声"茄子"就行了。

在做微笑练习时，应注意总结一下微笑的特点：看看口腔开到什么程度为宜；嘴唇呈什么形态，圆的还是扁的；嘴角是平拉还是上提。在练习时可以两人一组结对进行。

微笑练习的动作要领是：口腔打开到不露或刚露齿缝的程度，嘴唇呈扁形，嘴角微微上翘。我们在结对练习时可根据上述归纳的要点反复练习，并互相评议，看看有什么问题。

微笑时容易出现哪些毛病，又应该如何纠正呢？

（1）笑过了头，嘴咧得太大。嘴咧得太大会给人一种傻乎乎的感觉。要不想让人说傻，就要想法把嘴巴的开合度控制好，以"不露或刚露齿缝"为最佳。

（2）皮笑肉不笑，看上去让人觉得难受。当代心理学家根据最新研究成果已经找到了真笑和假笑的区别。如果你在交谈中能够以完全平等的态度对待对方，尊重对方的感情、人格和自尊心，那么你的微笑就完全是真诚的、美丽的，就具有强大的感染力和凝聚力。否则，你的微笑就是虚假的、丑陋的，你所能得到的也只能是逆反心理和离心力。

要想从根本上解决"皮笑肉不笑"的问题，首先必须解决根本态度的问题。根本态度端正了，"皮笑肉不笑"的问题也就迎刃而解了。这是区别真笑还是假笑的内在依据。

现在我们再介绍一下区别真笑和假笑的外在依据，或者说是生理依据。这就是当一个人在他发出真心微笑的时候，他眼球周围的环状眼肌就会将面颊和额头的皮肤牵向眼球，这种笑是装不出来的。根据当代心理学家的研究表明：

让孩子一开口就招人喜欢

真诚的微笑牵动大脑的区域不同于假笑。

总之,只要你努力端正对待交谈对象的态度,加强"态势语"——微笑训练,那么,你的微笑就一定会是真诚而美好的。

9. 语音训练

语音,就是说话的声音。人们在说话时通过发音器官的运动,发出音高、音长、音强或音质都不相同的声音。这些声音在人们长期的劳动实践中被赋予了一定的意义,并以此来传达和接受信息,就形成了语音。

由于语音的产生是建立在人们约定俗成的基础上的,所以音、义、符之间并无必然的联系。某个声音表示某种特定的意义是人们习惯使然,这就造成语音的地域性、民族性差异非常明显,方言就是这样形成的。仅在我国就有八种使用较广的方言。

口语信息的传达与接受必须有效,声音一定要准确无误地表达语意,"说"和"听"在语音上都要做到准确无误。那么,语音训练有哪些基本要求呢?

掌握正确的发音方法。语音是人体发声器官运动的结果,声带发出声音后,在口、鼻、喉、咽、胸中一起产生共鸣传出声音,唇、舌控制气流而得到了各种不同的话音,而每个音素都有自己固定的发音方法。因此,我们必须准确地牢记每个音素的发音特点,掌握正确的发音方法,特别是使用方言的人,更要注意区分方言与普通话的发音区别。

吐字清晰,干脆利落。吐字时由于时间短促,我们不可能把每个音素都发得那么完整彻底,一般在念字时口形主要落在韵母的元音上,声音处理应是字头短而有力,字腹圆润饱满,字尾和缓渐弱。整个音节一定要干脆利落,不拖泥带水,不含混不清。

声调准确,注意区别。汉语的音节本来就少,需要加上声调才使许多同音节字得以区别,特别是在口语中,声调成为辨别字的主要成分。因此,口语表达绝不能忽视声调的准确性,否则会造成表达不准确,甚至全然相悖的结果。

口齿灵活,自然流畅。说一段话需要连续发许多个音节,要使语言自然流畅,又使每个音节清楚准确,就需要我们训练口齿的灵活性。连续发音时,舌要在唇、齿、龈、腭等部位来回伸缩,舌尖、舌面、舌根要交替用力,唇要做出圆、扁、开、合、撮、闭等各种动作来控制气流的开放与阻塞,口、齿、唇、舌的运动频率是很高的。如果口齿呆滞、唇舌无力,就会使人语流含混,严重影响表达效果。锻炼口齿的灵活性可通过朗读规范文字作品的训练方式来实现,训练时由慢到快,持之以恒经常练习。

养成良好的发声习惯。良好的发声习惯有利于保持良好的音质、音色,音质对语言的意义表达和情感传递有很强的制约作用,音色的美感能产生强烈的吸引力,使语言富有魅力。所以我们一定要养成良好的发声习惯。

发声时正确的姿势是:挺胸、收腹、提气,颈部、背部、腰部要自然伸直,胸肌放松,用力适中,这样做有利于气流通畅运行,以达到良好的共鸣效果,使语音深厚有力、轻松自然、清晰悦耳。

10. 语调训练

语调是语言表达中的第二大要素,亦被人们称之为语言表达的第二张"王牌"。什么是语调?语调就是说话的腔调,就是一句话里语音高低轻重的配置。我们说出的每个句子都有语调,恰当地运用语调,表达出丰富的语气和情感。

语调的作用是巨大的,它起着润色语言的作用,促进思想沟通,使语言表达更加清晰明确,从而增强语言的表现力。因此,我们要善于运用语调,提高自己的语言表达能力。

形成语调的因素是多方面的,但起决定作用的是我们的思想内容和感情态度。语调的起伏变化万千,很难找到完全相同的形式。为了便于练习,把基本相似和大体相同的语调归纳为以下几类。

(1)升调。情绪亢奋,语流运行状态是由低向高,句尾音强而向上扬起。一般用于提出问题、等待回答、感到意外、情绪惊恐、中途顿歇、全句未完、发布命令、进行号召等。

(2)降调。情绪稳定,语流运行状态由高到低,句尾音弱而下降。一般用于陈述句、肯定句、感叹句、祈使句等。

(3)平调。情绪沉稳,语流运行状态基本平直,句尾和句首差不多在同一高度,一般用于庄重严肃、踌躇迟疑、冷漠淡然、思索回忆等句子中。

(4)曲调。情绪激动或情感复杂,语流运行呈起伏曲折状态。或由高而低再扬起,或由低而高再降下,或起伏更大。多用于语意双关、言外有意、幽默含蓄、讽刺嘲笑、意外惊奇、用意夸张等语句中。

语调的变化,是在这几种基本语调的基础上进行变化的。一般来说,基本语调是在中音区进行,并在此基础上产生语调变化。另外还有两种情况值得注意:一种是表现高昂、激越、紧张、热烈、愤怒、仇恨等情绪的语调是在高音区进行;另一种表现低沉、悲哀、凄凉、沉痛等情绪,它的基本语调是在低音区进行。

11. 综合训练

为改变自身主要弱点,我们进行许多单项训练,当这些基本达到目的之后,就可以接下去进行综合训练。所谓综合,主要是指把口语表达的各项基本功紧密联系起来,形成浑然的一体,使其具有很高的艺术性,为我们准确生动地传情达意。到了综合训练差不多的时候,还要主动进行当众训练,以便检验表达的效果。

口语训练要靠个人自觉进行的综合训练,在这样的训练中依然可以以改变自身某种弱点为重点,但同时也要注重比较全面地掌握表达的技巧。

在综合训练中,最好能请到说话辅导,或与别人交流,甚至采取对手赛的方式进行,但还要以个人训练为主,因为个人训练比较方便,不受某些条件的限制,可以随时随地进行。

综合训练的方式方法有许多,可以自由选择,也可根据需要调整变换。其大体上有这样几种方式。

(1)模仿复述。

模仿复述就是通过模仿接受示范的信息,再经过复述练习,提高自己的口语表达的意识和能力。比如,我们可以选择几段精彩的演讲、朗诵或播放的录音反复听,从重音、停顿、语调、节奏和语音的运用等各方面充分感受、反复琢磨,并跟随练习。

这样"耳听嘴跟"地练习一个时期,你的口语表达就能变得非常流畅、生动了。

(2)口头评述。

这种练习方式内容很广泛。与人初次见面,可以作一番自我介绍;可以经常对亲友或同事讲述某个人或某件事。比如对某部影片或电视剧加以评述;为了说服别人,先在口头上多做文章;嘱托别人办什么事,把事情、目的、要求、困难和意义等各项一一交代清楚;经常练习给别人讲故事等等。

(3)演讲练习。

演讲是一种练习口才的重要而非常有效的方式。演讲练习最好是事先写好一篇演讲稿子,然后像朗诵一样在口头表达上反复进行推敲,最后利用一切可能的机会当众脱稿演讲。如朋友聚会致词、开会发言、主持仪式和活动等机会,都可以把这些机会当做演讲练习去做准备。这样既可以促进练习,又能发挥口语训练的实际作用。

（4）快速感应。

快速感应是训练语感和口才时不可忽视的一种方式。因为实用的口语艺术需要具有高超的即兴构思、随机应变和对答如流的能力。这项训练是以一种对手赛的方式进行，其特点是在限定的短暂时间里训练快速感应的能力。如智力测验抢答、临时出题即兴演讲、与对方就某个论题论辩等等。

总之，这种快速问答和论辩的训练，是在较为紧张的情境和氛围中完成，能激发思维，训练即兴演讲的能力。

12. 培养说话的幽默感

在现实生活中，每个人都愿意使自己生活的目的及自己与他人的关系变得更加富有意义，那么，如何才能实现这一转变呢？

我们的生活的确太需要健康的笑声了，否则，生活则会变得多么枯燥、刻板，那么，笑声的来源在何处？

幽默的谈吐，是生活中一个重要的笑声来源，它能使沉闷紧张的气氛瞬间变得轻松活泼，使人感到说话者洋溢的热情与真诚的善意，使说话者的观点容易被人采纳和接受。发挥你幽默的力量，用来帮助别人时，你会发现，你同时也在为自己建立更富有意义的生活，这幽默的力量好比一座桥梁，缩短了人与人之间的距离，填平了人与人之间的沟壑。

幽默的力量，是沟通人们心灵的艺术，充分发挥它的作用，必将促进我们当今社会的精神文明建设。

（1）生活的润滑剂。

幽默力量的形式，主要取决于每个人的情绪如何，而不是取决于每个人的智力。你的幽默力量取决于你的真实的本身，可以表现你的真诚、坦率，表现你宽阔的胸襟和美好的情操。

在生活中，随时都会有不顺心的事发生。例如：你本想找份称心如意的工作，但却事与愿违；十二年寒窗一心想考上名牌大学，结果却名落孙山；交往已多年的朋友终不能成眷属，到头来还是"吹了"；上班的，上级绷着脸，同事们不肯合作；开店的，现有商品大量积压，想要购进畅销商品又无资金；学生不听老师的话；老夫老妻还时常抬杠……所有这些令人心烦的事，使人彻夜辗转难眠，情绪破坏，严重影响生活、工作与健康。你切记要以幽默的态度来对待，使情绪迅速"由阴转晴"，切莫长久地沉湎于悔恨和忧患情绪之中。

用一位在比赛中失利的篮球教练所讲的话，可以说明幽默的力量能让人们

让孩子一开口就招人喜欢

自我解脱。

一支篮球队在刚刚结束的一场关键性比赛中失利,球迷们对他们大失所望。有人质问教练他们什么时候能够转败为胜。教练不假思索地回答:"在唱完国歌之后!"这位教练用幽默的力量对付现实的打击,他没有失望,没有泄气,一方面把刚才的失败看成暂时的,另一方面又对何时能取胜的问题做了留有广阔余地的答复。要知道,在每一场重要球赛之前都是要唱国歌的。他的回答既幽默又巧妙,是值得学习的。

面对严重的挫折,如果人们还能够谈笑自若,那么简直就可说他是极富幽默了。

(2)笑声之中鸣警钟。

今天,我们的国家正处于繁荣昌盛的时期。但是,由于仍有许多弊病未能根除,同时,由于许多不正之风还在流行,所以,我们的社会仍有很多不完善之处,丑陋的东西依然存在于某些角落。我们可以用幽默来揭示或讽刺丑恶的现象和种种弊病,在笑声中擦亮人们的眼睛,在笑声中鸣响生活的警钟,这是非常必要的。

一位颇有地位的人物,参加了市交通会议,最后由他做了一个总结发言。他反复强调搞好交通管理的重要性。

发言快结束时,他突然提出一个问题:"你们规定,行人都走右边,这不行。都走右边,谁走左边呢?"

这则幽默,像是一个笑话,带有明显的夸张色彩,它讽刺了某些领导干部的不学无术,乱下规定,真叫人啼笑皆非。

一位顾客到饭馆去吃饭,米饭中沙子很多,他把它们吐了出来,一一放在桌子上。服务员见此情景很是不安,抱歉地说:"净是沙子吧?"那顾客摇摇头微笑地说:"不,也有米饭。"

如果我们设身处地地为这位顾客想一下,花钱去吃饭,到头来买到的却是"沙子饭",心里是多么憋气啊!但是,发脾气又于事无补。这位机智的顾客,用了一句曲折、幽默的回答,既解除了服务员尴尬的情态,又把沙子多的程度极其生动、恰当地反映了出来。这样婉转、含蓄的话语,又使服务员心悦诚服地感到自己的工作真的没有做好,给顾客增添了不少的麻烦。目前,不少服务行业的服务质量真的很差,是该敲敲警钟了。

当然,你在用嬉笑怒骂的形式来发泄情绪、用幽默以匡正时弊的时候,一定要注意对象和火候,要把握分寸,要抱治病救人的态度,切莫挖苦和鞭笞。

(3)调节人际关系。

处身于高速度发展、生活节奏在不断加快的社会，我们每个人天天都要面临新的挑战。早上起床，要自我"充电"，以便随时接受种种挑战。如果有人使我们笑，我们就容易对那个人产生好感。幽默能使给予和接受双方都得到良好的自我感觉。心情愉快时，人们自然会以一种乐观的态度去看待一切，站在比较容易接受意见的角度看问题。请记住：在别人比较高兴的时候提出你的要求，就比较容易得到满足。所以你需要利用幽默，来调节人际关系，使对立变成和谐，化紧张为轻松。

苏格拉底的妻子是个有名的泼妇，她心胸狭窄，性格冥顽不化，还喜欢唠叨不休，动辄破口大骂，常使这位堂堂的哲学家困窘不堪。一次，别人问苏格拉底"为什么要娶这么一个夫人"时，他回答说："擅长马术的人总要挑烈马骑，骑惯了烈马，驾驭其它的马就不在话下。我如果能忍受得了这样的女人的话，恐怕天下就再也没有难于相处的人了。"

据说当年苏格拉底就是为了在他妻子烦死人的唠叨申斥声中净化自己的精神，才决定与她结婚的。

这天，他老婆大人又大吵大闹、很长时间不肯罢休，苏格拉底只好退避三舍。他刚走出家门，他老婆突然从楼上倒下一大盆水，把他浇成一只落汤鸡。苏格拉底却满不在乎，非常平静地说："雷鸣之后免不了一场大雨。"

人与人之间应该友好相处，互相尊重，不应以任何借口去歧视别人，这是人际交往的准则。但在生活中也时常会遇到一些有意或无意的不尊重人的行为，对于一些粗暴无礼的言行，用幽默之枪进行还击，是一种十分得体的自我保护的方法，这也是一种特殊的调剂人际关系的方法。

(4)寓教于笑声之中。

无数的实践结果证明，风趣幽默的批评教育效果非凡，让人在笑声之中容易接受逆耳的批评，见效也就比较明显了。说起教育，人们容易习惯地联想到那一副副正儿八经、毫无笑容的面孔，一套套令人不得要领的抽象理论，一群昏昏欲睡的听众。其实，造成人们的这种理解和印象，完全是由于教育工作的方法失当所造成的。教育，当然是一件严肃的事情，但这并不排斥应该让受教育者发出欢快的笑声。寓教于笑声之中，是最有效的教育方法。

有一个"懒师拜懒徒"的幽默故事，它是用来教育那些游手好闲的浪子的。

一个游手好闲的浪子，只恨自己懒得不到家，颇想找一个懒店进修一番。于是，他就到处打听哪里有懒店。

一天，他打听到确有一个学懒店，便欣然前往。到了懒店门口，他屁股充作脸，退着进门去。学懒店的师傅大喝一声："呔，怎么不懂规矩，为何不把脸对着

让孩子一开口就招人喜欢

我!"浪子仍然背对师傅答道:"尊师在上,容愚徒一禀:来时背对师傅,辞别时可不转身也。"师傅一听,瞠目结舌。少顷如梦初醒,拒浪子于门外曰:"我可尊你为师也。"

批评,是教育工作中对各种不良现象进行斗争的有力武器。批评要想达到预定的效果,就必须与人为善,就必然要讲究方式、方法,讲究语言艺术。有时候,一句巧妙的幽默言辞胜过一万句平淡乏味的说教。

那么,为什么幽默风趣的话语能起到这么好的教育作用呢? 主要有两个方面:首先,因为每个人都是有自尊心的,如果你直截了当地当众批评他,这会伤害他的自尊心,有时还会引起对方的强烈反驳,找到一大堆理由来为自己辩护,或者会以沉默与你相对抗,口服心不服,并从此积怨于心。这样,你就别想达到批评的目的。所以心理学家们都异口同声地说:"不要当众斥责人。"这是很有道理的。而采用幽默式的批评却保护了对方的脸面,不会使对方产生对抗抵触情绪。其次,由于采取的是影射而不是直说的方式,让被批评者有一个思考回旋的余地,让他更能深刻地领会批评者的良苦用心。

13. 幽默的类型

为什么只要卓别林等喜剧演员一露脸,他们一张口、一举手、一投足,立即便能把人们的心弦拨动,使千万人为之捧腹、为之喷饭? 这奥妙就在于:他们的一言一行、一举一动都充满了启人心智、令人愉悦的幽默。

世界上没有一个人不喜欢风趣幽默的语言。在中国的传统文艺晚会上,相声小品之所以一直成为最受欢迎的节目之一,就在于它的表现形式离不开幽默。幽默的语言如此强烈地感染着观众的心,幽默的话语牢牢地抓住听者的心,使对方平心静气,也可以使一些深刻的思想表达得更加生动和形象。

心理学家认为,幽默是人的能力、意志、个性、兴趣的一种综合体现,它是社交的调料。有了幽默,社交可以让人觉得醇香扑鼻,隽永甜美。它是一块引力强大的磁石,有了幽默的社交,便会把一颗颗散乱的心吸入它的磁场,让别人脸上绽开欢乐的笑容。它是智慧的火花,可以说幽默的社交是人们智慧的体现,是智慧者灵感勃发的光辉。

有人将幽默分为以下几种类型,不同的人对幽默有各自不同的欣赏眼光。

(1)哲学性幽默。

对哲学、宗教等方面有嗜好的人对此会有强烈反应的。他们往往能对自身弱势进行嘲笑。对这类幽默感兴趣的人并非自虐狂,只是他们能坦率地承认并欣赏自己的弱点,并能超越这些弱点开阔胸怀,是一种令人感到和蔼可亲的谦卑。

(2)荒诞式幽默。

这是以一种出乎意料的独特方式摆脱理性而产生此类完美的"蠢话"。这种幽默绝不会来自傻瓜的头脑,而是高度智慧的结晶。喜欢这种类型的人理性思维较发达,追求精神的自由奔放。

(3)社会讽刺小品。

这是对社会风气、对人性某些灰暗面的嘲讽,酷爱这类小品的人是在以一种超然的态度对待世界,这种幽默的欣赏者往往以一种更开阔的视野——所谓"上帝的眼光"来看待自己与人类自身,成为自己与人类命运自由而超然的观察者。

(4)插科打诨式的"胡言乱语"。

这是一种轻松的自我娱乐。对于那些刚开始体会推理之味、对世事涉足不深的年轻人来说,可能对此会兴趣盎然。

14. 言语幽默的基础与条件

幽默的谈吐无论在日常生活中,还是在重大的社交场合,都是不可缺少的。它能使严肃紧张的气氛顿时变得轻松、活泼,它能让人感受到说话人的温厚和善意,使其观点深入人心。

幽默的语言能使局促、尴尬的场面变得轻松、和缓,使人立即消失掉拘谨或不安,它还能轻松地调解生活中的小小矛盾。例如,一个小孩见到一个生人长得很大的鼻子,马上叫出来"大鼻子",假若这位生人没有幽默感,就会不高兴,而孩子的父母也会感到难为情。要是这个小孩叫他"大鼻子叔叔",大家就会一笑而解决问题。

一句得体的幽默会消除一场误会,一句巧妙的幽默言辞能胜过一万句平淡无味的攀谈。

幽默的话语,具有愉悦、美感、批评、教益、讽刺等作用,所以列宁说:"幽默是一种优美的、健康的品质。"在适当的场合,以幽默的谈吐来增强交际的生动性和亲切感,已被看成是一个人的优点。国外把"有幽默感"作为评价人格好坏的标准之一,可见,幽默感何等重要。

那么,幽默形成的基础和条件是什么呢?

(1)要有高尚的情趣和乐观的信念。

恩格斯曾经说过:"幽默是表明工人对自己事业具有信心并且表明自己有着优势的标志。"幽默的谈吐是建立在说话者思想健康、情趣高尚的基础上的。它对人提出善意的批评和规劝,它必然要求批评者有较高的思想境界和较高的涵养。一个心地狭窄,思想颓唐的人是不会幽默的。幽默永远属于那些热心肠的人,属于那些生活强者。幽默者品德要高尚,要心宽气朗,对人充满热情。老一辈革命家在与人民群众讲话、攀谈时,言谈话语间有时便流露出一定的幽默感,使人感到分外热情、亲切,这与他们的崇高品德是联系在一起的。

(2)要有较高的观察力和想像力。

幽默的谈吐具有反应迅速的特点,这就要求说话者思维敏捷、能言善辩,而这些又来自于对生活的深刻体验和对事物的认真观察。只有具备较高的观察力、想像力,才能通过仿拟、移时、降用、拈连、比喻、夸张、双关等方式说出幽默的话语。

(3)要有较高的文化素养和语言表达能力。

幽默的谈吐是人的聪明才智的标志,它要求有较高的文化素养和较强的驾驭语言的能力。一个人语言修养高、知识丰富,对古今中外、天南海北、历史典故、风土人情、各种各样的事情都有所了解和掌握,再加上语汇丰富及语言表达方式灵活、多样,这样他平时讲起话来就会得心应手,说话自然就容易活泼、生动、有趣。

在这里还要指出,幽默只是一个小小手段,并不是我们说话的目的。不能为幽默而幽默,一定要根据具体的语境,适当选用幽默话语。另外,人的才能不一样,有的会幽默,有的不会幽默。不会幽默的,则不必强求。否则,故作幽默,反而弄巧成拙。

15. 表达幽默的基本方式

幽默在口语表达中主要体现为巧和智。巧是指言谈话语既在情理之中又在意料之外,包含着或多或少的差异、失误和某种巧合因素在内;智是指言谈话语充满智慧,能给人带来哲理性的启迪,从而使人受到心领神会的愉悦、美感和教益。

表达幽默的方式很多,下面试举几种。

(1)夸张。

夸张是根据表达需要,对客观事物的某些方面故意进行夸饰铺张,言过其实地进行扩大或缩小而引起想像力的修辞手法。"白发三千丈"是夸张名句而非幽默,夸张要产生幽默,还要同生活中各种错谬乖讹或滑稽可笑之处相联系,即通过对生活中乖讹可笑之处的极力夸大渲染,来揭示生活中某些不合理或不和谐的现象,进行善意的嘲讽和规劝。

一般常采取大词小用、小词大用、庄词谐用,并根据现有条件进行合理想像和似是而非的逻辑推理,将结果极力夸饰变形,产生诙谐幽默的效果。

有一位肥胖的美国女演员曾自我解嘲:"我不敢穿上白色游泳衣去海边游泳,否则,飞过上空的美国空军一定会大为紧张,以为他们发现了古巴。"

这则谈话是拿自己的肥胖逗乐,发挥想像力进行了夸大渲染,使人听了这种绝妙而直观的夸张,不但能忽略了其身体肥胖臃肿的丑的一面,反而能从其充满调侃自信中感受到乐观生活态度的享受。

(2)一语双关。

在说话时,故意使某些词语,这些词语在特定环境中具有双重意义,这种方法叫双关。双关是利用词语的同音或同义的关系,发挥其在特定语言环境中的双重意义,言此喻彼,巧妙地传递蕴藏在词语底层潜在信息的修辞手法。双关分为谐音双关和语义双关两种,将其恰当运用于口语表达中,可以增添言谈话语的幽默感。

如一位年轻的作者到编辑部送稿,编辑看后问道:"小说是你自己写的吗?""是的。"年轻人回答,"我构思了一个月,整整坐了两天才写出来,写作太辛苦了!"编辑突然大发感叹:"啊!伟大的契诃夫,您什么时候又复活了啊!"年轻人红着脸悄悄地退出了编辑部。

这位编辑利用一语双关的方式批评了年轻人,"伟大的契诃夫,您什么时候又复活了啊"隐含着"你抄了契诃夫的作品"之意,既含蓄诙谐又具有强烈的讽刺力量,从这个幽默故事里我们可以看见,这样的批评效果远比板着脸快语明言教训人要好得多。

(3)比喻法。

比喻是用有相似点的事物打比方,用具体、浅显、熟知的事物作比来说明抽象、深奥、生疏的事物的修辞手法。在口语表达中,运用恰当的比喻可使言谈话语既形象生动又风趣幽默。

比喻在逻辑思维中虽有局限性,但在形象思维中则是个战无不胜的法宝。钱钟书先生在日本东京早稻田大学作演讲时,礼节性的开场白就不同凡响:

到日本来讲学,是很大胆的举动。就算一个中国学者来讲他的本国学问,他虽然不必通身是胆,也得有斗大的胆。理由很明白简单:日本对中国文化各个方面的卓越研究,是世界公认的;通晓日语的中国学者也满心钦佩和虚心采用你们的成果,深深知道要讲一些值得向各位请教的新鲜东西实在不是轻易的事。我是日语的文盲,面对着贵国"汉学"或"支那学"的丰富宝库,就像一个既不懂号码锁,又没有开撬工具的穷光棍,瞧着大保险箱,只好眼睁睁地发愣。但是,盲目无知往往是勇气的源泉,意大利有一句嘲笑人的惯语,说"他发明了雨伞"……

钱钟书先生在肯定日本对中国文化各个方面的卓越研究的同时,用鲜明形象的比喻谦虚地表明自己是日语的文盲,并自然地导入正题,这段开场白既形象风趣又不失礼节。钱钟书善用比喻主要得力于他素来对比喻的艺术功用钻研颇精,能灵活自如地运用明喻、曲喻等丰富自己的语言,使其言谈话语中妙譬巧喻,信手拈来,幽默陡增,成为"钱钟书风格"的一个显著特征。

(4)曲解法。

把本来不相干的事物巧妙地引入到原先叙述的事物中,从而得出新的认识、体验和结论,造成诙谐、可笑的情趣。

曲解是对问题进行歪曲荒诞的解释,即把两种毫不相关的事物凑集捏合在一起,造成因果关系的错位或内在逻辑的矛盾,得出不和谐、不近情理、出乎意料的结果,从而使语言谈话产生幽默感。

有一次,国画大师张大千和京剧艺术大师梅兰芳同赴宴会。张大千走上前对梅兰芳说:"你是君子,我是小人,我敬你一杯酒。"梅兰芳和众人大感不解。张大千解释说:"你唱戏,动口;我画画,动手——君子动口,小人动手。"众人听了,大笑不止。"君子"、"小人"的词义被张大千故意作了歪曲的解释,产生了十分幽默的情趣。

误解也有可能是因为同音、多义词、句法关系的不确定等无意中形成的歧义,同样也富有喜剧的情趣。本来,幽默中的表达者和反馈者彼此风马牛不相及,然而却被幽默家拉在了一起,由此激发出悖离的趣味。

一对浪漫的男女刚进电影院,就发现已客满,两个人无法坐在一起。这位年轻貌美的女孩自以为解决这个问题很容易,只要求自己邻座的那位男子和自己的男朋友调换一下座位就可以了。

"对不起,"她轻声问邻座,"请问你是一个人吗?"

邻座的男子不做声,她又重复了一遍,那人还是默默地目不斜视。她又问了一次,这次声音放大了一些。

"住口!"他对她说,"我妻子孩子都在这里。"

这位多情的男子曲解了女孩的意思,虽正襟危坐,可已是春心萌动,令人忍俊不禁。

让孩子一开口就招人喜欢

（5）类比法。

生活是和谐统一的，但在内容与形式、愿望与结果、理论与实际等方面会产生强烈的不协调，于是形成了不和谐的对比，这种强烈的反差必然产生幽默、可笑的情趣。类比是根据两种事物在某些属性上的相同，而且已知其中一种事物还有其他属性，从而推知另一种事物也可能具有相同的其他属性。在口语表达中恰当运用类比，可以起到扭转逆境、轻巧取胜且不失幽默感的效果。

如有位市长向一位黑人领袖提出诘难："先生既然有志于黑人解放，非洲黑人多，何不去非洲？"黑人领袖反驳："阁下既然如此关心灵魂的拯救，那地狱灵魂多，何不下地狱？"

黑人领袖运用类比进行推理，根据两个对象在某些属性相同的基础上提出它们具有相同的属性：既然有志于黑人解放就要到黑人多的非洲去，那么关心灵魂拯救的自然就要到灵魂多的地狱里了，语言锋利而诙谐，轻而易举地驳倒对方。

（6）拟人法。

拟人运用在口语表达中，可以把事物无意识的活动变成有意识的自觉运动，从而增强口语表达的幽默感。拟人是根据联想把一般生物或无生命的事当做人来写，并赋予其强烈的思想感情色彩或某种动机的修辞手法。

如有个人去拜访他的朋友，当走近朋友的住宅时，突然窜出一只大狗对他狂吠，他吓得止住了脚步。朋友闻讯出来看见他，连忙说："不要怕！俗话不是说'爱叫的狗不会咬人'吗？你不知道这句话吗？"他马上回答："我知道这句俗话，你也知道，可是这狗它知道这句俗话吗？"

这个人故意将狗与人相提并论，让狗人格化变成会思考的动物，既绝妙诙谐地发泄了心中的不悦，又不失礼貌地回敬了朋友。

（7）转换法。

转换是打破特定语言情境的一致性，故意将不同语境中的词语转移套用，由此转彼，造成语言表达上的严重不谐调，从而产生诙谐的幽默感。

如毛泽东的卫士小封与一个女文工团员"吹"了不久，又在跳舞时"跳"上了一个女演员，后又告吹了。小封为此沮丧郁闷，毛泽东见状笑着劝他说："速胜论不行吧，也不要有失败主义，还是搞持久战吧！"

"速胜论"、"失败主义"是抗日战争时期在对待日寇入侵这一问题上所持的两种不同的政治、军事观点，而"持久战"是毛泽东为此提出的著名论断。毛泽东将这政治性术语移就套用在劝诫卫士在婚姻问题上不要急于求成以及告吹后不可悲观失望的情绪，在调侃戏谑中委婉地批评了小封在对待婚姻问题上

让孩子一开口就招人喜欢

的轻率行为。

（8）中断法。

语言的逻辑发展不按常规发展而突然中断，出现了一个出人意外的可笑结局——这却是用意所在。于是人们在笑声中恍然大悟。

有这样一个例子：一位空中小姐用和谐悦耳的声音命令道："把烟灭掉，把安全带系好。"所有的旅客都按空中小姐的吩咐做了。过了五分钟，空中小姐用比前次更优美的声音又命令道："请再把安全带系紧一些。很不幸，我们飞机忘了带食品了。"

按照常规思维，空姐要乘客再次系紧安全带，显然是飞机出现了某些不安全因素。然而，答案却一反常规，岔入了并非预期的轨道——"忘带食品"。这自然产生了十分诙谐幽默的情趣。

总而言之，口语表达中所构成幽默的表现手法很多。幽默表现手法的巧和智直接体现着口语表达水平的高低。越富有幽默感，口语表达的效果也就越理想。

不论用哪种形式和方法都要注意自然，注意幽默产生的客观效果，我们提倡健康的幽默，摒弃淫邪、庸俗的玩笑，使人们的口语表达文明、健康。

让孩子一开口就招人喜欢

第三章　学会与陌生人交流

1. 说好第一句话

有些人胆子非常小,从来不敢主动向对方问好。其实,主动和别人说话并不是一件难事。你为何不抛弃自己胆怯的心理,大胆地跟他说:"我一直想跟你说话,但是我很怕接近你。"此语单刀直入,会令对方无法拒绝你。这不仅让羞涩的你能开始以下的谈话,而且还是一种最有效率的沟通方式,省了一堆繁文缛节。

可以说,初次见面的第一句话,说好说坏,关系重大。总的原则是:亲热、贴心、消除陌生感。常见的有这么三种方式:

(1)攀认式。赤壁之战中,鲁肃见诸葛亮说的第一句话是:"我,子瑜友也。"子瑜,就是诸葛亮的哥哥诸葛瑾,他是鲁肃的挚友,短短的一句话就定下了鲁肃跟诸葛亮之间的交情。

其实,任何两个人,只要彼此留意,就不难发现双方有着这样或那样的"亲"、"友"关系。例如:

"你是复旦大学毕业生,我曾在复旦进修过两年。说起来,我们还是校友呢!"

"您是体育界老前辈了,我爱人可是个体育迷,咱们也算得上是'近亲'啊!"

"你是湖南的,我是湖北的,两地近在咫尺。今天能碰巧遇见,也算很有缘!"

(2)敬慕式。对初次见面者表示敬重、仰慕,这是热情有礼的表现。用这种方式必须注意:要掌握分寸,恰到好处,不能乱吹捧,不说"久闻大名,如雷贯耳"一类的过头话。

表示敬慕的内容应因时因地而异。例如:

"您的大作我读过多遍了,获益匪浅。想不到今天竟能在这里一睹作者风采!"

"今天是教师节,在这光辉的节日里,我能见到您这颇有名望的教师,不胜

让孩子一开口就招人喜欢

荣幸!"

（3）问候式。"您好"是向对方问候致意的常用语。如能因对象、时间的不同而使用不同的问候语，效果则更好。

对德高望重的长者，宜说"您老人家好"，以示敬意；对年龄跟自己相仿者，称"老某（姓），您好"，显得亲切；对方是医生、教师，说"李医师，您好"、"王老师，您好"，有尊重意味；节日期间，说"节日好"、"新年好"，给人以祝贺节日之感；早晨说"您早"、"早上好"则比"您好"更得体。

2. 与10种不同性格的人交谈

在人际交往中，我们可能会遇到性格各异、嗜好不同、志趣相异的人。该怎样与这些不同性格类型的人打交道呢？

（1）对偏执的人。

这类人的性格一般较为偏执，遇人遇事不会随意表示出自己的意见和情感。当你很客气地和他打招呼、寒暄时，他也不会做出你预期的反应。他通常不会注意你在说什么，甚至有时你会怀疑他是否在听你说话。遇到这类人，最要紧的是不能操之过急，要细心而又有耐心地观察他的一言一行，只要能寻找他感兴趣的话题，就可以和他闲聊。

（2）对傲慢无礼的人。

那些态度傲慢、举止无礼的人，是人际交往中最不受欢迎的人。当你不得不与这种人交往时，最有效的办法是，说话简明有力，开门见山，不必与他多啰嗦，以办成事为原则。

（3）对沉默寡言的人。

与那些不爱开口的人交往是一件很吃力的事。当你侃侃而谈，他却毫无回应。为此，你必须主动提出一些问题，请他做最简明的回答，"是"还是"不是"，"行"还是"不行"，尽量避免迂回式的谈话。

（4）对深藏不露的人。

这种人在交往中，不会轻易显露自己真正的心思，也不愿随意发表对某人某事的看法，每当谈到关键问题时他会突然转移话题或打岔。因此，在和他交谈中你的思想要特别集中，要想方设法窥探出对方真实的心理，摸清他的真实意图。如果你能在事先多掌握和了解一些有关他如何为人处世的情况，将使你和他的交谈进行得更为顺利。

（5）对草率决断的人。

这类人大多性格急躁,办事较草率,容易留下较多的后遗症。交往时,你一定要当心提防,不可与他同步,要设法有章有节地按你自己的节奏一步步进行,和他先谈(办)完一件事,再谈(办)另一件事。

(6)对过分糊涂的人。

这种人平时很少检点和反省自己的言行过失,是非不明,良莠不分,稀里糊涂。与这种人交往会浪费你的时间,应尽量避免和他交谈为好。

(7)对顽固不化的人。

这类人往往思想狭隘,固执己见,根本听不进不同的意见,交往中缺少基本的通融性。对付这种人,你不妨抱定"早散"、"早脱身"的想法,随便应付他几句,不必跟他耗时费力,自讨没趣。

(8)对行动迟缓的人。

与这类人交往,最重要的一点就是保持足够耐心,因为他的步调总是无法跟上你的进度,难以按你的预定计划行事。你要是没有耐心,就难以成事。

(9)对自私自利的人。

这种人一事当前,先想自己或先考虑是否有利可图,这是所有自私自利者的最大特点。与这类人交往,难免会感觉到他真是令人厌恶,而且还有一定的危险性。但是,既然要与之交往,最好还是按捺一下心中不悦的情绪,不妨先听其自然,顺水推舟,投其所好。这样会促使交涉获得意想不到的成功。不过,对这类人保持警觉是完全必要的,因为他随时会为了利益而出卖你,切不可被对方的花言巧语所迷惑。

(10)对毫无表情的人。

毫无表情的人与感情深藏的人完全不同。后者只是暂时将喜怒哀乐诸种情感收敛起来,深深埋在心里,他犹如一口活火山底下的熔岩,只要时机成熟,它总是会爆发出来的;而前者却如千年沉睡的死火山,永远难有喷发的机会。与这种人交往,当然是索然无味的。应付的办法是:制造出一种适度紧张和轻松的气氛,尽可能使对方的感情有所触动,引出话题,适时地表达你的愿望和要求。

请记住:面对对方呆板的表情,你要显得沉着和毫不介意,不要被对方的冷漠搞得局促不安。

3. 自然地和陌生人攀谈

美国著名记者阿迪斯·怀特曼指出,害怕陌生人的心理,我们大家都会产生。每当在聚会上我们想不到有什么风趣或是言之有物的话可说的时候，每当在求职面试中拼命想给人好印象的时候，都可能产生害怕陌生人的心理。事实上，无论何时何地，只要我们遇上从来没遇到的场面时，心里都会七上八下，十分紧张，不知该怎样打开话匣子。

如果我们学会毫无拘束地与人结识的方法，就能使我们扩大朋友的圈子，使生活丰富起来。

多年来阿迪斯以记者身份往返世界各地，他和许多陌生人进行了终生难忘的谈话。他说："这就好像你不停地打开一些礼物盒，事前却完全不知道里面有什么。老实说，陌生人引人入胜之处，就在于我们对他们一无所知。"

阿迪斯举例说，新奥尔良那个修女，她表面看起来温文尔雅，不问世事。但是阿迪斯不久竟发现她的工作原来是帮助粗野的年轻释囚重新做人。他还在加拿大一列火车上遇到一位一本正经的老妇，她说她正前往北极圈内的一个村庄，因为她听人说在那里她会见到北极熊在街上走！

阿迪斯说："跟我谈过话的陌生人，几乎每一个都使我获益匪浅。"一个在公园里遇到的园丁，告诉阿迪斯关于植物生长的知识，比他从任何地方学到的都多。埃及帝王谷一个计程汽车司机，请阿迪斯到他没铺地板的家里喝茶，让他见识到一种与自己迥然不同的生活方式。在挪威奥斯陆，一个第二次世界大战时曾经参加秘密抵抗组织的战士，带阿迪斯到海边一个风吹草动的荒凉高原，他告诉阿迪斯说，就在那个地方，纳粹为了报复抵抗组织的袭击而把人质全部处决。

我们过去从来没有见过的人，甚至能帮助我们认识自己。因为我们可能对一个陌生人说出我们平常想说但又不敢向亲友开口的心里话，他们因此便成了我们认识自己的一面新镜子。

如果运气好，和陌生人的偶遇还会发展成为终贞不渝的友谊。仔细想来，我们的朋友哪一个原来不是陌生人？阿迪斯说："世界上没有陌生人，只有还未认识的朋友。"

那么，我们遇上陌生人，怎样才能好好地和他攀谈呢？

（1）先了解对方。

美国总统罗斯福是一个社交能手。早年还没有被选为总统时，在一次宴会上，他看见席间坐着许多不认识的人。如何使这些陌生人都成为自己的朋友呢？罗斯福找到自己熟悉的记者，先从他那里，把自己想认识的人的姓名、情况全都打听清楚，然后主动叫出他们的名字，谈一些他们感兴趣的事。此举大获成功。这些人很快成了罗斯福竞选时的有力支持者。

让孩子一开口就招人喜欢

（2）选择适宜的话题。

如果觉得"实在没有什么好说"，可以考虑以下话题。

①坦率说明你的感受。例如你可能在晚餐会上对自己嘀咕："我太害羞，与这种聚会格格不入。"或是刚好相反，你认为："许多人讨厌这种聚会，但是我很喜欢。"

不管你当时怎么想，你要把你的感受向第一个似乎愿意洗耳恭听的人说出来就行。这个人很可能就是你的知音哦。无论如何，只要你坦白说出"我很害羞"或"我在这里一个人也不认识"，总比让自己显得拘谨、冷漠好得多。

最健谈的人就是勇于坦白的人。而且坦白还有一个好处，即如果你能坦诚相见，对方也会毫无拘束地向你吐露心声。

一次，阿迪斯跟写过一本好书的心理学家谈话。阿迪斯以前对这类的访问都能应付自如，而且会从中得到很大裨益，可在这回，当他发觉自己结结巴巴，不知怎样开口时，简直大吃一惊。最后阿迪斯坦诚地说："不知为什么，我对你有点害怕。"那位心理学家对阿迪斯这个说法非常有兴趣，随即他们就自然谈起来了。

②谈谈周围的环境。如果你对这个陌生的环境十分好奇，你自然会找到谈话题目。比如说在一个酒会上，你先审视周围，然后就可以打破沉默，开口跟你旁边的人说："在鸡尾酒会上可以看到人生百态！"这就是一句很有趣的开场白。

阿迪斯有一次坐火车，身边坐了一位沉默寡言的女士，一连几个小时他千方百计引她说话都未成功。等到还有半个小时就要分手时，他们经过一个小海湾，大家都看到远处岬角上一座独立无依的房屋。她凝视着房子，一直到看不到它为止。然后她突然说道："我小时候就生活在像这种荒无人迹的地方，住在一座灯塔里。"接着她忆述起那段生活的荒凉与美丽。

③以对方为话题。有一次，阿迪斯听见一位太太对一个陌生的女士说："你长得真好看。"也许，我们大多数人都没有说这种话的勇气，不过我们可以说："我远远就看见你进来，我想……"或是："你看着的那本书正是我最喜欢的。"

④提出问题。许多难忘的谈话都是从一个问题开始的。阿迪斯常常问别人："你每天的工作情况怎样？"通常人们都会热心回答。

一定要避免谈论那些令人扫兴的话题。可能没有人愿意听你高谈阔论诸如宠物、孩子、食物和菜谱、自己的健康、高尔夫球，以及家庭纠纷之类的事。所以，在谈话中最好不要谈及这些问题。

丘吉尔就认为孩子是不宜老挂在嘴边的话题。有一次，一位大使对他说："温斯敦·丘吉尔爵士，你知道吗，我还一次都没跟您说起我的孙子呢。"丘吉尔拍了拍他的肩膀说:"我知道,亲爱的伙伴,为此我实在是非常感谢!"

(3)善于引导别人进入交谈。

在交谈中,除了吸引对方的兴趣之外,还必须学会引导对方加入交谈。

常听到一些青年人说,他们在约会的时候,总是抱怨他们的交谈不能生动活跃。其实,这本来是一个非常易于掌握的技巧,只要问一些需要回答的话,谈话就能持续下去。但是,如果你只问:"天气挺好的,是吧?"对方用一句话就可以回答了:"是啊,天气真不错!"这样,谈话也就进行不下去了。

如果你想让你的谈话对象开口畅谈,不妨用下列问句来引导:"为什么会……""你认为怎样不能……""按你的想法,应该是……""你如何解释……?""你能不能举个例子?"总之,"如何"、"什么"、"为什么"是提问的三件法宝。

(4)要简洁而有条理。

不懂节制是最恶劣的语言习惯之一。

无论是和一位朋友交谈,还是在数千人的场合演讲,最重要的就是"说话扼要切题"。

担任企业行政主管的人几乎都认为:在商业场合里,最让人头痛的就是讲话没有条理。不知有多少人的时光都因此浪费在那些信口开河、多余无聊的车轱辘话中去了。

如果你说话的目的是要告诉别人一个事,那就直截了当地说出来,不必扯得过远。

(5)要避免过多的"我"。

人们在口头最常用的字之一就是"我",这是一个不好的习惯。这些人应该学学苏格拉底不说"我想"而说"你看呢"。曾有这么一个笑话:在一个园艺俱乐部的聚会中,有位先生在3分钟的讲话时间里,用了36个"我"。不是说"我……"就是说"我的……""我的花园……""我的篱笆……"结果,他的一位熟人忍不住走过去对他说:"真遗憾你失去了妻子。""失去了妻子?"他吃了一惊。"没有!她好好的啊!""是吗?那么难道她和你谈到的花园一点关系都没有吗?"

(6)要尽量少插嘴。

插嘴,就像是一把"钩子",不到万不得已时,最好不要用它。著名的英国哲学家约翰·洛克说:"打断别人说话是最无礼的行为。"

不要用不相关的话题打断别人的谈话;不要用无意义的评论扰乱别人的谈话;不要抢着替别人说话;不要急于帮助别人讲完故事;不要为争论鸡毛蒜皮的小事打断别人的正题。总之,别轻易插嘴,除非那人讲话的时间拖得太长,他的话不再吸引人,甚至令人昏昏欲睡,已经引起大家的厌恶。这时,你打断他倒是做了一件仁慈的好事!

（7）留心倾听。

谈话投机,有一半要靠倾听,不倾听就不能进行真正的交谈。但是倾听也是一种艺术。

跟新认识的人谈话的时候,你就要看着他,对他所说的话要积极反应,鼓励他继续说下去。这样,倾听就不再是被动,而是主动,是不断向前探索。有意义的谈话——有别于无聊的闲谈——其目的就在于互相发现和了解。

那么你怎么做,才能使谈话投机呢？首先要记住这一点:你如果对人家好奇了,人家也会对你好奇;你能增加他们的生活情趣,他们也能增加你的生活情趣。只有对方一个人说话,比由你一个人说话好不了多少。

毛病就出在这个地方:很少人能认识到他们也要付出一点力。有时,他们认为自己害羞或说话平淡无味,他们会说:"我没有什么值得一谈的事情。"他们这样说绝对是错的。事实上,大多数人都是有趣的。

多罗西·萨尔诺夫在其著作《语言可改变你的一生》中写道:"实际上,即使一个充满缺点、脑筋糊涂和变化无常的人,也有许多令人惊奇之处。"

我们需要陌生人的刺激——一个跟我们不同、暂时是个谜的人。此外,和陌生人见面还会多少对你有所影响。在最好的情况下,那是彼此心灵相通,意气相投,一次不经意的邂逅将成为你以后生命的不可分割的一部分。

我们当中许多人都想说别人期待我们说的话,而且觉得自己与别人不同就担心。然而正因为我们有这些不同,人生才能成为大戏台。如果我们彼此坦诚相对,不为别的而只为互相了解,那么我们就能谈得投机,相见欢愉。

4. 没话找话说避免冷场

一个人若不善言谈在交际场中就很容易陷入尴尬局面。要想成为一个求人办事的高手,首先必须掌握善于没话找话说的诀窍。

没话找话说的关键是要善于找话题,或者根据某事引出话题。因为话题是双方初步交谈的媒介,是深入细谈的基础,是纵情畅谈的开端。没有话题,谈话是很难顺利进行下去的。

好话题的标准就是:至少有一方熟悉这个话题,能谈;大家都感兴趣这个话题,爱谈;这个话题有展开探讨的余地,好谈。

那么,怎么找到话题呢？

（1）众人都关心的话题。

面对所求的对象，要选择人家关心的事件为话题，把话题对准他们的兴奋中心纵情畅谈。这类话题是大家想谈、爱谈、又能谈的，一旦打开话匣子，自然能说个不停了。

（2）借用新闻或身边的材料。

巧妙地借用彼时、彼地、彼人的某些材料为题，借此引发海阔天空的交谈。有人善于借助对方的姓名、籍贯、年龄、服饰、居室等，即兴引出话题，常常会收到很好的效果，快速地引出一段聊天。"即兴引入"法的优点是灵活自然，就地取材，其关键是要思维敏捷，能从由此及彼的联想中捕获说话题材。

（3）提问的方式。

向河水中投块石子，探明水的深浅再决定如何前进，就能有把握地过河；与陌生人交谈，先提一些"投石"式的问题，在略有了解后再进行有目的地交谈，便能谈得更为自如。如："老兄在哪儿发财？""您孩子多大了？"等等。

（4）找到共同爱好。

问明对方的兴趣，循趣发问，能打开心灵顺利地进入话题。如对方喜爱足球，便可以此为话题，谈最近的精彩赛事、某球星在场上的表现以及中国队与外国队的差距等，这都可以作为话题而引起对方的谈兴，相互交流对这个问题的看法。引发话题，类似"抽线头"、"插路标"，重点在引，目的是导出对方的话茬儿。

（5）搭上关系，由浅入深。

孔子说，"道不同，不相为谋"，只有志同道合，才能谈得拢。我国有许多"一见如故"的美谈。陌生人要能谈得投机，要在"故"字上做文章，只要能变"生"为"故"，那么一切好谈。下面是变"生"为"故"的几个方法：

①适时切入。

看准情势，不放过任何应当说话的机会，适时插入交谈，适时地"自我表现"，能让对方充分了解自己，把自己成功地推向世界。

交谈是一种双方相互进行的活动，只了解对方，不让对方了解自己，同样难以深谈。陌生人如能从你"切入"式的谈话中获取教益，双方会更加亲近，成为好朋友。适时切入，能把你的知识主动有效地展示给对方，实际上符合"互补"原则，奠定了朋友之间"情投意合"的基础。

②借用媒介。

寻找自己与对方之间的媒介物，以此找出共同语言，缩短双方距离，让彼此的心灵不再遥远。如见一位陌生人手里拿着一件什么东西，可问："这是什么？

55

……看来你在这方面一定是个行家。正巧我有个问题想向你请教。"对别人的一切显出浓厚兴趣，通过媒介物表露自我，以"物"传情，交谈也会顺利进行。

③留有余地。

留些空缺让对方接口，使对方感到双方的心是相通的，交谈是和谐的，进而缩短距离，因此，和对方交谈，千万不要把话讲完，把自己的观点讲死，而应是虚怀若谷，欢迎探讨，欢迎对方发表他的观点。

5. 迅速找到共同话题

初次见面，素昧平生，人们的表现也各不相同。有人生性腼腆，"不好意思"交谈；有人虽有交谈愿望，却感到无从启齿，"没有办法交谈"。他们或局促一角，尴尬窘迫；或欲言又止，话不成句；或说话生硬，遭人误解……产生这种现象的原因是缺乏和陌生人交谈的勇气和技巧，是心理情绪给交谈造成障碍。

我们在交谈前一定要充满信心，要相信自己能够自如地交谈，然后寻找合适的话题，就能使谈话融洽自如。一个好话题，是初步交谈的媒介，深入细谈的基础，纵情畅谈的开端。

你不妨从天气、籍贯、兴趣和衣着等方面聊起。这样既不易触及对方敏感处，又不易引起对方的反感和为难，顺利进入一段轻松愉快的交谈。

同陌生人谈话最重要的就是能够尽快地找到双方的共同点。怎样才能找到自己同初次见面的人之间的共同点呢？

（1）察言观色，寻找共同点。

一个人的心理状态、精神追求、生活爱好等等，都或多或少地在他们的表情、服饰、谈吐、举止等方面有所表现。只要你善于观察，就会发现你们的共同点，然后就能从你们的共同点上打开话匣子。在火车上，一名中文教师见到对面座位上一个年轻人正在看一本世界名著，于是主动与他交谈："你是学什么专业的呀？"对方回答："我是学中文的。""哎呀，咱们是学同一个专业的，我也是学中文的，你们上学时学的什么版本？"……他们开始了一段十分有意义的交谈。

由于这位中文教师仔细观察，寻找到共同点便打开了交谈的思路。这就是在观察对方以后，发现都是学中文的这个共同点的。当然，这察言观色发现的东西，还要同自己的情趣爱好相结合，自己对此也要有兴趣，才有可能打破沉寂的气氛，以高涨的热情进入兴致盎然的交谈中。否则，即使发现了共同点，你们也还是无话可讲，或讲一两句就"卡壳"了。

（2）以话试探，侦察共同点。

陌生人相遇，为了打破沉默的局面，开口讲话是首要的。有人以招呼开场，有人以动作开场，一边帮对方做某些急需帮助的事，一边以话试探；有的通过借书借报，来展开交谈。真是八仙过海，各显神通。

刘女士到医院里就诊，坐在候诊大厅里，邻座坐着的一位大姐很健谈，大姐主动问她："你是来看什么病的？听口音不像本地人，你老家是哪里的呀！"当她得知刘女士是山东青岛人时，很高兴地说："青岛非常美，我以前出差多次去过……"刘女士便问："那您在什么单位工作呀？"于是她们亲切地交谈起来，等到就诊时，她们已经是熟悉的朋友了，分手时还互邀对方做客。这种融洽的效果看上去是偶然的，实际上也是有其必然原因的。因为只要通过"火力侦察"，必然会发现共同点，交际必然是自如从容。

（3）听人介绍，发现共同点。

你去朋友家串门，遇到有陌生人在座，作为对于二者都很熟悉的主人，会马上出面为双方介绍，说明双方与主人的关系，各自的身份、工作单位，甚至个性特点、爱好等等。细心人从介绍中马上就可发现对方与自己有什么共同之处立刻就可以进行交谈。一位县物价局的股长和一位县中学的教师，在朋友家见面了，主人把这对陌生人做了介绍，他们发现都是主人的同学这个共同点，马上就围绕"同学"这个突破口进行交谈，相互认识和了解了，以致变得亲热起来。这当中重要的是在听介绍时要仔细地分析、认识对方，发现共同点后再在交谈中延伸，不断地发现新的共同关心的话题。

（4）揣摩谈话，探索共同点。

为了发现陌生人同自己的共同点，可以在需要交际的人同别人谈话时留心分析、揣摩，也可以在对方和自己交谈时揣摩对方的话语，从中发现共同点。在公共汽车上，小张不慎踩到了旁边一位老者的脚，她忙道歉说："对不起，对不起！"老先生笑着说："你是哈尔滨人吧！"小张奇怪地点点头，老先生忙说："我曾经在那里工作了三年，那是十年前的事了，现在哈尔滨变化挺大吧！"这样一路下来，小张同老先生谈的很投机。后来才得知，老先生就是小张上学的学校的老教授，后来小张还多次拜访过老先生，有很大的受益。可见通过细心揣摩对方的谈话，可以找出双方的共同点，使陌生的路人变为熟人，进而发展成为朋友。

（5）步步深入，挖掘共同点。

发现共同点是不太难的，但这只是谈话的初级阶段所需要的。随着交谈内容的深入，共同点会越来越多。为了使交谈更有益于对方，必须一步步地挖掘深层次的共同点,才能如愿以偿。

　　寻找共同点的方法还有很多,譬如面临的共同的生活环境,共同的工作任务,共同的行路方向,共同的生活习惯等等,只要仔细发现,与陌生人无话可讲的局面是不难打破的。

6. 激起对方的谈话欲望

　　渴望友谊,希望拥有更多的朋友是我们每个人的愿望。但朋友都是由陌生人发展而来,有相当一部分朋友是萍水相逢时认识的——在风光绮丽的景区、在熙攘喧闹的汽车上或者别人开的派对中,凭一个会心的微笑、几句得体的幽默话、一个礼貌的动作等,都可以与他人相识。关键是得找出交往的契机,主动伸出友谊之手,打开对陌生人关闭着的心灵之门。然而不是所有的人都是善谈的,有的人比较沉默寡言,虽然有交谈的欲望,却不知从何谈起,这就需要一方改变态度,率先向对方发出友好信号,激起对方的谈话欲望,达到交流的目的。

　　设想在火车中你已坐了很久了,而前面还有很长很长的路程。

　　坐在你旁边的一位乘客像是一个颇有趣的家伙,而你很想同他聊上几句,了解一下他的底细,于是你便搭讪道:"对不起,你有火柴吗?"

　　可是他一句话也不讲,只是点点头,从口袋里掏出了一盒火柴递给你。你点了一支烟,在还给他火柴时说了声"谢谢",他又点了点头,然后把火柴放进了口袋里。

　　你继续说:"真是一条又长又讨厌的旅程,你是否也有这种感觉?"

　　"是的,真讨厌。"

　　他附和着,而且语调中明显带有不耐烦的意味。

　　"如果看看一路上的稻田,倒能使人高兴起来。在稻谷收获之前,这一路一定很有趣。"

　　"嗯,嗯!"他含糊地答应着。

　　这时你再也没有勇气说下去了。你在农业这个方面,给他一个表现兴趣的机会,他若是个农夫,那么他一定会接下来发表一番他的看法的。

　　假若一个话题对他富有兴趣,那么无论他是如何沉默的一个人,他也会发表一些言论的。因此你在谈话的停滞之中,思考了一番后,又重新开始了。

　　"天气真好,爽快极了!"你说,"真是理想的赛球时节。今年秋季有好几个球队都很出色呢!"

　　那位坐在你身旁的乘客坐直起来了。

让孩子一开口就招人喜欢

"你看××队会怎么样?"他问。

你回答:"××队会很好,虽然有几个老将已经离队,然而几位新人都很不错。"

"你听到过一个叫刘龙的队员吗?"他急着问。

你的确听说过这个球员,而且猛然发现此人和刘龙长得很像,立刻判断刘龙定是此人之子。于是你说:"他是一个强壮有力、有技巧,而且品行很好的青年。××队如果少了这位球员,恐怕实力将会大减。但是刘龙快要退役了,以后这个队如何还很难说。"

这位乘客听了这话,便兴高采烈地谈了起来。

你终于激起了他的兴趣,特别是他对自己儿子的慈爱之心。

你对做父母的人称誉他们的孩子,甚至表示你对那孩子感兴趣,那么孩子的父母很快便会成为你的朋友了。给他们一个谈论他们孩子的机会,则他们会很自然而又无所顾忌地滔滔不绝了。

如此一来,无论问得对不对,总会引起对方的话题。问得对,可以依原题急转直下,问得不对,根据对方的解释又可顺水推舟,在对方的生活上畅谈下去。

陌生人见面,还可以通过慷慨的给予帮助来激发他们的谈话欲望。

一般说来,初次相见或不太熟悉时,没有谁愿意向有困难的陌生人施舍什么帮助,因为他们怕不清楚对方的底细帮出麻烦来。这种想法固然有一定的道理,但正是这"一定的道理"把自己结识别人的大好机会给赶跑了。善于交际的人是不会这么想的,他们认为与人方便自己方便,只有放下顾虑、慷慨解囊,才能赢得别人的感激与好感——这恰是一座沟通感情的桥梁。有一位赴京的文化打工者小陈,在一家出版社打工,但没有住处,租房的房租又特别贵。同来打工的当地人小冯见他愁眉不展,便与他搭讪问他怎么了。当小冯得知因由后,坦率地对刚认识的小陈说:"如果你不嫌弃的话,那就在我那儿搭个铺吧,大话不敢说,住个一年半载是没问题的。"见小冯如此慷慨,小陈心里顿时热乎乎的,心想这个人是一位值得交往的朋友。就这样,两个人都有了一种心灵中的默契,小陈于是主动同小冯谈起了自己的家事,他们成为朋友自是情理之中的事了。

主动关心他人,善于倾听也可激发对方的谈话欲望。

刚刚大学毕业走上社会的小林在一家咖啡馆喝咖啡,见旁边一中年人独自深思,这激起了他的好奇心,便找话与他搭讪:"大哥,你怎么了? 看你好像是热得不舒服,来杯咖啡吧。""谢谢,我这儿有。"那人笑着答道,"你是不是觉得我有些无聊? 说句话不怕你笑话,有时我可真想能重新开始自己的人生,那样,我肯定会以另一种不同方式来生活的。"小林诧异道:"你这指的是什么呢？能同我谈谈吗？"中年人缓缓说:"过去,我不肯相信任何人,包括老婆、亲戚、朋友,到头来得到的,瞧——孤身一人。你知道,我有二十多年没见过任何一个家人了……"那人把小林当成了一个可以倾诉的对象,慢慢地诉说着自己的过去,小林则把他的过去当成一堂教育课耐心地听着。尽管两人素昧平生,但却成为了好朋友。

对于那些腼腆的人,交谈者应主动寻找话题,消除对方的紧张感。一个大学毕业生被分配到一家报社工作,报到时,单位的老同志主动询问:"你是什么学校毕业的呀？"逢到这个时候,新职员不得不张口说话:"我毕业于××学校……"这样一来,如果学校不是名校,则可说:"没关系,许多成功者都不是什么名牌学校毕业,可以在工作中继续学习,工作实践很重要。"毕业生听了很高兴且受到了很大鼓舞。假如是著名的学府的话呢？则可以说:"你真了不起,毕业于那样一所名牌大学！""你在学校是学什么专业的……你们学校的管理怎么样……"对于刚刚毕业的学生来说:无论是著名的学府,还是名不见经传的学校,毕业生总是喜欢谈及自己的母校的。由于提起了学校,使刚刚报到的大学生消除了紧张腼腆的心理,对母校的感情使他一下子健谈了起来。

朋友相交,重在交流,由陌生人到朋友,需要通过交流才会相互了解,要在掌握交谈艺术的同时激发对方的谈话欲望,只有这样才能彼此加深了解,从陌生走向熟悉,进而成为朋友。

7. 怎样跟外向型的人说话

通过倾听,了解到对方的性格,猜透了他的脾气,明白了对方需要什么样的赞美,就能一拍即合。

当你面对的是一个口若悬河,说起话来像连珠炮滔滔不绝的人,那么你可以初步判断他属于外向型。外向型的人一般不会控制自己的愤怒或掩饰自己的得意,他们以那特有的大嗓门向听者传达自己的思想。

与外向型的人交流,是一件很轻松、很容易的事。因为他本身就非常擅长社交。他那富有感染力的大嗓门再加上有些夸张的手势,往往使现场气氛很热烈,不过作为倾听者的你,千万得记住,此时他是绝对的主角,你是配角,你千万别有争夺他光彩的意思,否则他一跟你较真,就有你好受的。所以,当碰到有冲突的观点时,你最好保持沉默。

外向型的人比较单纯,说话办事不拘小节,因而很容易相处,也很容易看透

让孩子一开口就招人喜欢

他的内心。他会如机关枪一样毫不掩饰地将自己的观点和盘托出,敢说敢做,一般不会隐瞒什么事情。但是,外向型的人支配欲都很强烈,一般不喜欢听到你说"不",当他的观点被你理解或接受时,他就会喜形于色,要是你再赞美他几句,他往往会忘了自己姓什么,这种人不喜欢你冗长枯燥的说教,轻松简洁明快的赞美他最乐于接受。

用一句话来概括外向型的人,就是爽快干脆,所以你对他也要爽快、干脆,拖拖拉拉、犹豫不决最让他难以忍受。碰到外向型的人,最好是竖起耳朵闭上嘴,即使你不问他,他也会告诉你他的喜好。这时你只要顺着他的意思,引出他得意光彩之事,往往能产生意想不到的效果。

一向精明的王先生非常生气,因为他最喜爱的一件新外套被洗衣店的人熨了一个焦痕。他决定找洗衣店的人赔偿。但麻烦的是那家洗衣店在接活时就声明,洗染时衣物受到损害概不负责。与洗衣店的职员做了几次无结果的交涉后,王先生决定面见洗衣店的老板。

进了办公室,看到高高在上的老板面无表情地坐在那儿,王先生心里就来了气。

"先生,我刚买的衣服被您手下不负责任的员工熨坏了,我来是请求赔偿的,它值 1500 元。"王先生大声地说道。

那老板看都没看他一眼,冷淡地说:"接货单子上已经写着'损坏概不负责'的协定,所以我们没有赔偿的责任。"

出师不利,冷静下来的王先生开始寻找突破口。他突然看到老板背后的墙上挂着一支网球拍,心中便有了主意。

"先生,您喜欢打网球啊?"王先生轻声地问道。

"是的,这是我惟一的也是最喜爱的运动了。你喜欢吗?"老板一听网球的事,立刻来了兴趣。

"我也很喜欢,只是打得不好。"王先生故作高兴且一副虚心求教的样子。

洗衣店的老板一听,更高兴了,如碰到知音一样地与王先生大谈起网球技法与心得来。谈到得意时,老板甚至站起身做了几个动作。而王先生则在旁边大加称赞老板的动作优美。

激情过后。老板又坐了下来。

"哎哟,差点忘了! 你那衣服的事……"

"没关系,跟您上了一堂网球课,我已经够了!"

"这怎么行! 小李,"老板说,"你给这位王先生开张支票吧……"

一切就这么简单。

这位王先生可说是位察言观色的高手。一般来说,外向的人都比较喜欢运动。并且办事爽快,吃软不吃硬。王先生正是看出了这一点,巧用心机,使洗衣店老板能够在别人面前一展风采,心灵获得满足的时候,什么话都好说。

8. 怎样跟内向型的人说话

俗语说,一把钥匙开一把锁,知道了怎样应付外向型的人,并不意味着你就能去应付内向型的人。

内向型的人最大的特征就是寡言少语,他处理事情都是以低姿态进入。他外表温柔,文静,虽然不善言辞,但说出来的话却条理清楚,逻辑严密,很富有说服力。

内向型的人有点像一个隐士,他把自己的一切深深地掩藏起来,要了解看透他真不容易,因为他对外界怀有强烈的警惕心,不轻易相信人,不轻易赞美和抨击别人。他可以说是一个"温柔杀手",他会谋杀你交流的激情,他不会轻易地表明自己的立场。对于你来说,他倒可能成了一个倾听者。如果此时你不考虑进行一下角色转换,让他继续担任主角,那你们的交流肯定是沉闷的。由于内向型的人不如外向型的人善于交际应酬,当面对陌生人时,常令他发窘。并且由于他的敏感,该拿主意的时候总是犹豫不决。但他却喜欢思考,内向型对头皮发麻的数字、理论等枯燥无味的东西却可能会感兴趣。虽然他不喜欢被人指挥和吩咐,但他却喜欢别人赞美自己,欣赏自己的长处,谈论自己感兴趣的话题。面对这种人,你就应该担当起主角的重任,用他感兴趣的事激起他的热情。当他把你当做知心人的时候,就会表现出他狂热的一面。

某单位新来了一位领导张总。新官上任,烧起了第一把火——召见手下各部属,进行人事调整。如果能给新领导一个满意的第一印象,以后的日子自然好过,因此被召见的人都做了充分的准备。但是,出乎意料的是,那些员工满腔热情地进去,垂头丧气地出来。只有一个人例外,这人是公关部的谭某。

失意的同事马上围住了得意洋洋的谭某,向他求教被委以重任的玄机。

"这或许都是一根别针的功劳吧!"谭某故作神秘地说。

"当我走进办公室的时候,发现那里几乎变了一个样。原来杂乱不堪甚至落满灰尘的书桌变得干净整齐,各件物品摆放的井井有条。再看到老总那严肃却又显得游移不定的脸,我便对他的性格和脾气有了几分把握,因此决定按方抓药,用相应的办法去应付他。结果不出我所料,我成功了。"

让孩子一开口就招人喜欢

"老总是什么性格？你究竟用了什么方法？"同事们迫不及待地追问道。

"别急，别急，让我慢慢说给你们听。首先，老总的性格是内向型，这可以从办公室的变化和他的神态大致揣测出来，这种类型的人，一般都注意细节，爱干净、整齐。注意到这一点，我决定与他在这方面取得一致。向他问了好以后，我便坐了下来，接着我顺手从地上捡起了一根别针，把它放在桌上。老总看了那别针一眼，脸上露出了笑容。接着，在介绍我们部门时，我列举了大量的数据以证明我们部门取得的成绩，并对当前的形式做了一些分析。然后，我就高兴地出来了。"

"怎么我就没看到那根别针呢？"听完谭某的话，旁边一个同事自言自语地说道。

"那根别针是我坐下去时扔的，你们当然见不到了。"谭某笑着说。

看完这个例子，你一定很佩服谭某看人及随机应变处理问题的本事。你是不是也很想学会这一招？学会这一招并不很难，只要你平时待人接物时多长个心眼，多动动脑，你也会马上成为一个高手。

9. 避免自己的话被误解

年轻小伙子阿伟打算为新交的女友小兰买一件生日礼物。他们交往时间不长，小伙子经过仔细考虑，认为送一副手套最恰当不过，浪漫又不显得过分亲昵。

下午，阿伟去百货商店给女友买了一副白色的手套，让女友的妹妹小丽带给她姐姐。小丽给自己买了一条内裤。回家的路上，小丽把两件物品弄颠倒了，结果送给小兰的礼物变成了内裤。

当晚，阿伟一回到家里就接到了小兰的电话："你为什么买这样的礼物送我？"

没有听出来对方的怒气，阿伟的情绪很高，他说起话来空前流利，根本容不得小兰插嘴："小兰，我之所以选了这件礼物，是因为据我留心观察，你晚上和我出门时总是不用它，我没有给你买长的，因为我注意到，小丽用的是短的，很容易脱下来。它的色调非常浅，不过，卖它的女士让我看她用的同样的东西，她说已经3个星期没洗了，但一点都不脏。我还让她当场试了试你的，它看上去好看极了……"

"神经病！"

等待对方夸奖的阿伟猛然听到这三个字，他当时就懵了，愣在那里根本说

63

不出话来……

为什么恋爱的双方会造成误会？粗心的小丽固然有一定的责任，但是当事人双方交谈不明确恐怕是主要原因。在电话中，双方都以为自己话中的"礼物"非常明确，所以，都没有说出来，结果闹出了笑话。

社会是由形形色色的人所聚集成的，每个人的立场不同，工作性质也不一样。在这众人聚集的工作场所里，总会发生一些意想不到的误解，甚至是摸不着头绪的纠纷。

当遭人误解时，进行工作就会显得困难重重，夫妻生活也会失去和谐，不但是自己的损失，还会影响到家庭的幸福，甚至团体的利益。

所以，必须具备一套化解误会的说话术。

10. 造成误解的几种原因

（1）言词缺失。

有的人不管是在表达信息，或者说明某些事情时，常常在言词上有所缺失，结果弄得只有自己明白，别人一点也搞不清真相，这种人就是缺乏"让对方明白"的意识，以致容易招来对方的误解。比如，英军有一个团买了一头驴子作为吉祥物。不幸的是，没有几天驴子就死了。由于团长出差在外，于是副团长便打了个电报给团长："驴子不幸逝世。再买一头，还是等你回来？"如果改成："驴子不幸逝世。再买一头驴，还是等你回来再买？"就不会闹笑话了。

（2）过分小心。

有的人不管什么事，都顾虑过多，从不发表意见。因此，个人的存在感相当薄弱，变成容易受人误会的对象。

这样的人总希望对方不必听太多说明就能明白，缺乏积极表达自己意见的魄力。对于这种类型的人而言，含蓄并不是美德，这一点要深刻反省。

（3）自以为是。

这一种人是头脑聪明，任何事都能办得妥当，但是却经常自以为是，我行我素。即使着手一件新工作，也从不和别人照会一声，只管自作主张地干活。这么一来，即使自己把工作圆满完成，上级及周围的人也不会表示欢迎。

（4）外观的印象不好。

人对视觉上的感受印象最深刻。虽然大家都明白"不可以貌取人"，但是，实际上双眼所见的形象，往往成为评判个人的标准，这个印象可能是造成误解的原因。如果让周围的人有了不好的印象,且造成误解,若不早点解决,恐怕不好收拾。

(5)欠缺体贴。

纵然只是一句玩笑话,但若造成对方的不快,恐怕也会导致意想不到的误解。甚至是一句安慰、犒劳的话,如果对方接受的方式不同,也可能变成误解。因此,在说话之前,一定要先考虑对方的状况以及接受的态度。

由此可见,在日常生活或工作交往中,如果不太注意自己的言词,很容易发生让别人误解的情形,给彼此的关系带来尴尬。

11. 避免被误解的注意事项

怎样才能尽量使自己的话不被别人误解呢?

(1)不要随意省略主语。

从现代语法看,在一些特殊的语境中,是可以省略主语的,但这必须是在交谈双方都明白的基础上,否则随意省略主语,容易造成误解。

一家商店里,一个男青年正在急急忙忙挑帽子,售货员拿了一顶给他。他试了试说:“大,大。”售货员一连给他换了四五种型号的帽子,他嘟囔着:“大,大。”售货员仔细一看,生气了:“分明是小,你为什么还说大?”

这青年结结巴巴地说:“头,头,我说的是头大。”售货员狠狠地瞪了他一眼,旁边的顾客“扑哧”一声笑了。造成这种狼狈结局的原因,就是这位年轻人省略了他陈述的主语:“头”。

(2)少用文言词和方言词。

在与人交谈中,除非有特殊需要,一般不要用文言词,文言词的过多使用,容易造成对方的误解,不利于感情的交流和思想的表达。

有这样一件事:有一个秀才去买柴,他对卖柴人说:“荷薪者过来!”卖柴的人听不懂“荷薪者”(担柴的人)三个字,但是听得懂“过来”两个字,于是把柴担到秀才面前。秀才问他:“其价如何?”卖柴人听不懂这句话,但是听得懂“价”这个字,于是就告诉秀才价格。秀才接着说:“外实而内虚,烟多而焰少,请损之。”(你的柴外表是干的,里头却是湿的,燃烧起来,会浓烟多而火焰少,请减些价钱吧。)卖柴的人因为听不懂秀才的这句话,于是担起柴来掉头走了。

65

就这样,由于秀才过分的讲究所谓“文雅的表达”,反而不能达到想要的目的。

（3）要注意同音词的使用。

所谓同音词，就是语音相同而语意完全不同的词。因为语言在口语表达中脱离了字形，所以同音词用得不当，就很容易让人产生误解。比如"期终考试"就容易误解为"期中考试"，所以为了避免误解，就不如把"期终"改为"期末"。

（4）说话时要注意适当的停顿。

书面语借助标点符号把句子断开，以便使内容更加具体、准确。在口语中，我们只有借助于停顿，运用停顿可以使我们的表达变得明白、动听，减少误解。有些人语速很快，说起话来像开机关枪，特别是在激动或紧张的状态下就更不注意停顿了。这很容易造成一番话讲完了，听者却仍一头雾水。

举个例子，一次下班途中，一位青年遇到一群刚看完电视球赛的学生，就问："这场比赛谁赢了？"其中一个性子急的学生兴奋地脱口而出："中国队打败日本队获得冠军。"

这位青年迷惑了：到底是中国队打败了日本队，还是日本队获得了冠军呢？他又问了另一位学生，才知道是中国队胜了。

所以，我们在与人交谈时，一定要注意语句的停顿，以使人明白、轻松地听你谈话，并能听懂你在说什么。

12. 说话贵在坦诚

与人交谈，贵在推心置腹。有诗云："功成理定何神速，速在推心置人腹。"坦然缘于真诚，说话贵在坦诚。只要你捧出一颗恳切至诚之心，一颗火热滚烫之心，怎能不使人感动？怎能不动人心弦？

说话不是敲击铜铃，而是敲击人们的"心铃"。"心铃"是最精密的乐器。因此，成功的人总是用真挚的情感、竭诚的态度击响人们的"心铃"，刺激之、振奋之、感化之、慰藉之、激励之。对真善美，热情讴歌；对假丑恶，无情鞭挞。让喜怒哀乐，溢于言表；使黑白贬褒，泾渭分明。用自己的心去弹拨他人之心，用自己的灵魂去感染他人之灵魂，使听者闻其言，知其声，见其心。

《左传》中有"触龙说赵太后"的故事。

赵太后刚掌管国政，秦国就加紧进攻赵国。赵求救于齐，齐王却要求用赵太后最小的儿子长安君做人质才肯出兵，赵太后决不答应。大臣们竭力劝谏，赵太后生气地说："有再说要长安君做人质的，我就唾他的脸。"大臣们因此都不再敢说这件事了，但左师触龙却不畏难。首先他委婉地说明，他是来看望太后的，让太后消了怒气。然后他表示对太后生活起居的关心，语气轻柔，娓娓动听,最终使太后神气缓和了。继之,触龙又引导太后说起儿女情长的话来,他说:太后为燕后做了长期打算,而没有为长安君做长期打算,并举例说明无功而封以高官厚禄,只会给子女带来杀身之祸。长安君这次做人质正是为国立功的机会,今后在赵国就站得住脚了。左师触龙的这番话坦诚可信,用真挚情感将心比心,从而达到感情上的融洽,最终说服了太后,同意长安君到齐国当人质,从而解除了赵国军事危机。

第四章　恰到好处的说话技巧

1. 首先要把话说得条理清晰

练就好口才首先要做到有的放矢，简明扼要，突出重点。表达自己的观点，更应当讲究章法，思路严密。这是说话的基本要求。

我们平时与人寒暄或作简短的交谈，一般都是比较随便的，谈不上条理清晰。但在正式场合，比如报告会、讲座、演讲等比较重要的讲话，情况就不一样了，这要求说话者对所说的内容有深刻的理解，并对整个说话过程作出周密的安排。

但是，人类的心理又是很微妙的，有时听众并不因为你讲的内容很有道理就完全信服你，他们还要顾及讲话人的表达方式。即使是正式场合的谈论，声音过于激烈也会让人产生"此人强词夺理，所说之言不足为信"的想法，随之，心理上会产生反感或者抵触情绪。条理清晰、有条不紊的谈话，可给人以稳重之感。比如说，优秀的推销员几乎都不是快嘴快舌之才。这倒不是因为他们反应迟钝，不善辞令，而正好相反，他们机敏过人，能说会道。但他们清楚地知道，推销商品并不光是能言善辩就可胜任的。比如，一味地吹嘘"这种商品不错"，顾客只会对这种大肆鼓吹报之以疑惑和戒备，然而，当推销员慢条斯理、一板一眼地陈述商品的性能并动手操作，顾客就会因其所表现出的诚实而对他报以信任。

人际交往也是如此。特别是在语言沟通中，如果只顾快嘴快舌，就无法产生好的效果。有人认为，口齿伶俐，可以在短时间传播大量的信息，但却没有想到信息的价值是由讲话者能否给对方以信赖感所决定的。一味地抢速度，只能使对方感到你的轻浮，进而对你提供的信息产生怀疑。这样，即便你提供的信息再多，也不能为人们所接受，也就没有什么意义了。因此，与人交谈时，应注意纠正语调生硬、语速太快的习惯，做到委婉平缓，简洁明了，条理清晰，动人心弦。这是好口才的基本要求。要达到以上要求，必须注意下面四点。

（1）把握中心。

说话不是照本宣科，有时会插一些题外话，有时会发现已讲过的某个问题有点遗漏需要临时补充,这样就容易杂乱。作为一个高明的说话者,应时刻把主题牢记在心,不管怎样加插,不管转了多少个话题,都不偏离说话的中心。

（2）言之有序。

说话不能靠材料堆积吸引人,而要靠内在的逻辑力量吸引人,这样才有深度。与写作相比,说话是口耳相传的语言活动,没有过多的时间让听众思考,所以逻辑关系要更为清晰、严密。话语的结构要求明了,善于提出问题、分析问题、解决问题。观点和材料的排列,要便于理解、记忆和思考,所以要较多地采用由近及远、由浅入深、由已知到未知的顺序安排。当然,时间顺序最好按过去、现在、未来进行安排,这样容易被听者记住。

（3）连贯一致。

开场白非常重要,它直接影响到所讲内容的展开,不能一开口就"噌"地冒出一句让人摸不着边际的话;多层意思之间过渡要灵活自然;结尾要进行归纳,简明扼要地突出主题,加深听话者的印象。

（4）要言不烦。

那种与主题无关的废话,言之无物的空话,装腔作势的假话,听众都极为厌烦。

马克·吐温曾经说过,有一次他去听一位牧师传教,开始很有好感,准备捐献身上所有的钱。过了一小时,他听得厌烦,决定留下整钱,只捐些零钱。又过了半小时,他决定分文不给。等到牧师说完了,他不仅不给,还从捐款的盘子中拿出两元钱作为时间的补偿。

这是对说话冗长者的绝妙讽刺。所以说话者应当注意在句式变化的同时,多用短句,少用长句。长句能够表达缜密的思想,委婉的感情,能够造成一定的说话气势。但是其结构比较复杂,句子长,如果停顿等处理不好,不但说话者觉得吃力,就是听话者听起来也不易理解。而短句的表达效果简洁、明快、活泼、有力。由于活泼明快,就可以干脆地叙述事情;由于简洁有力,就可以表达紧张、激动的情绪,坚定的意志和肯定的语气。因此在运用上,易说易听的短句更适合于在交谈、辩论、演讲等重要场合的说话中使用。

2. 说话要让人听得懂

口语表达的这种易逝性特征要求我们说话时一定要注意通俗性,即使是理论性很强的问题,也要尽可能地做到深入浅出。只有这样,才易于为人所接受。语言应通俗易懂,否则很可能达不到预期效果,甚至闹成笑话。

一天晚上,某书生被蝎子咬了。他摇头晃脑地喊道:"贤妻,迅燃银灯,尔夫为毒虫所袭!"

连说几遍,他妻子怎么也听不明白。疼痛难忍的书生气急之下只好叫道:"老婆子,快点灯,蝎子咬着我啦!"

这一则笑话是讽喻那些专会咬文嚼字、不注意口语化的人。

下面一则则是讽刺那些谈话文绉绉、酸溜溜的人。

一天,某村中学一教师去家访,正碰上这学生家宾客盈门。他见自己来得不是时候,便连连向家长道歉:"请恕冒昧!请恕冒昧!"学生、家长顿时怔住了。次日,家长专程到学校找校长评理:"昨天是我妹妹大喜的日子,你校某老师不知羞耻地对我说:'请许胞妹。'要我把妹妹许配给他。我看他是'花疯'。"校长知道这位老师作风正派,工作负责,觉得奇怪,便立即找他核实并向家长做了解释。家长自责文化水平低,真糊涂。这位老师既羞且恼,哭笑不得。

这场风波就是因为他语言不通俗酿成的。

口头语言通过耳朵传入大脑。因语词有同音异义,一音多义,如用词晦涩难懂的话,势必影响听的效果,而且听众文化素养有很大差别,应该"就低不就高"。所以对广大群众讲话,更应该明白晓畅,通俗易懂。口头语言与书面语言有较大的差异,有人在讲话中过多地使用书面语,而不是口语,也使人听了很不舒服。这样的讲话自然是失败的。其失败原因在于,不讲究语言的实际效果,而一味追求形式上的华美。

社会语言需要用讲话者和听者双方都习惯、共同感兴趣的"大白话"来表达,这样才容易沟通感情,交流思想。若追求华丽新奇,过于雕琢,听者就会认为这是在炫耀文采,从而对讲话一只耳朵进,一只耳朵出,这样,话说得再漂亮也不会有什么力量。所以,使用语言要像鲁迅说的:"有真意,去粉饰,少做作,勿卖弄。"

宋代大文豪苏东坡对语言的使用有颇为精妙的见解:"凡文字,少小时须应气象峥嵘,彩色绚烂;渐老渐熟,及造平淡;其实不是平淡,乃绚丽之极也。"我们应当把追求语言的简洁精练、通俗易懂作为学会讲话的基本功,不断地加强训练和学习。

口语表达不同于书面语表达。书面语表达遇到难懂的词语,可以查字典;遇到不易理解的句子,可以慢慢琢磨。而口语表达则不行,它具有易逝性特征,声音转瞬即逝。听不明白也就只能留下遗憾。口语表达的这种易逝性特征要求我们说话时一定要注意通俗性,即使是理论性很强的问题,也要尽可能地做到深入浅出。只有这样,才易于为人所接受。要做到深入浅出、通俗易懂,必须

让孩子一开口就招人喜欢

注意如下要求：

（1）要使用规范的词语。

我们在说话时应该注意运用规范性的词语，少用别人不熟悉的方言、生僻词或文言词等。叶圣陶先生历来不赞成口语表达使用文言语句，他说："看见用口语写的文章里夹杂着文言字眼和语句，会让人觉得很不舒服，仿佛看见眉清目秀的面孔上长了个疙瘩。"因此，他热切地希望人们从文言词句的"旧镣铐里解放出来"；特别是那些没有什么文言修养的人，更不要去"捡起那副旧镣铐套在自己的手脚上"。

其实，不光是文言语句，像方言土语、生僻词语，也是束缚人们日常口语表达的镣铐，应当引起注意。

（2）要使用大众化的口语。

语言有口语和书面语之分。口语较之典雅庄重、准确精练的书面语，具有简洁明快、生动活泼的特色。而这种特色正是通俗易懂原则的精髓。因此，我们要想使自己的表达通俗易懂，就得学会使用口语，尤其是大众化的口语，以贴近生活的本来面目。鲁迅先生就很赞同这种做法，他主张要"将活人的唇舌作为源泉"、"博采口语"。毛泽东也告诫做宣传工作的同志要向人民群众学习语言，因为"人民的语汇是很丰富的、生动活泼的，是最能表现实际生活的"。

3. 语言要简洁精练

"言不在多，达意则灵。"无论在什么场合，讲话要语不烦精，字字珠玑，简练有力，使人不减兴味。冗词赘语，唠叨啰嗦，不得要领，必令人生厌。

在说话时，要想收到良好的效果，语言要简洁、精练，使听者在较短的时间里获取较多有用的信息。反之，空话连篇，言之无物，必然误人时光。语言还要力求通俗、易懂，如果不顾听者的接受能力，用文绉绉、艰涩难懂的语言，往往既不亲切，又使对方难以接受，结果事与愿违。

当前，公众对某些领导部门开长会的不良作风很有看法，还送其一个雅号为"马拉松会议"。开会前议题不明确，开会时中心不突出，议论问题不着边际，仿佛不长篇大论就显示不了水平似的。这样的会议效果极差！

不少演讲大师惜语如金，言简意赅，留下珍贵的篇章，成为"善辩者寡言"的典型。

最短的总统就职演说，首推1793年华盛顿的演说，仅135个字。林肯著名的葛底斯堡演说只有10个句子，他的演讲重点突出，一气呵成。

71

1984年,37岁的法国新总理洛朗·法比尤斯发表的演说,更是短得出奇,演讲词只有两句:"新政府的任务是国家现代化,团结法国人民。为此要求大家保持平静和表现出决心,谢谢大家。"措辞委婉,内容精辟。

上述这些演讲大师驾驭语言的功力都是非凡的。林肯的演讲词仅600字,从上台到下台还不到3分钟,却赢得了15000名听众经久不息的掌声,并轰动了全国。当时报纸评论说:"这篇短小精悍的演说是无价之宝,感情深厚,思想集中,措辞精练,字字句句都很朴实、优雅,行文完美无疵,完全出乎人们的意料。"

4. 善于使用比喻

美国著名口才家戴尔·卡耐基在他所著的《语言的突破》一书中说过这样一段话:"有时你辛辛苦苦忙了半天,结果仍旧无法把自己的意思解释清楚。这件事你自己明白得很,可是要使听众一样对它明了,就必须做深入的解说。怎么办? 试试把它与听众确实了解的事物相比较;试说这一件事像另一件事,说这件陌生的事像听众所熟悉的事。"卡耐基所说的方法就是比喻的方法。

比喻,可以把人们感到陌生的东西变为熟悉的东西;把深奥抽象的道理表达得浅显具体,把平淡无奇的事物描绘得生动形象。例如:

加里宁是俄国布尔什维克一位杰出的宣传鼓动家。一次,他向某地农民代表讲解工农联盟的重要性。尽管他作了详尽严谨的论证,但听众仍茫然不得要领。有人问:"什么对苏维埃政权来说更珍贵? 是工人还是农民? ……"

加里宁反问道:"那么对一个人来说,什么更珍贵,是右脚还是左脚?"

全场静默片刻,突然爆发出雷鸣般的掌声。农民代表们都笑了。

一大篇抽象的道理没能说服农民代表,而一句形象的比喻却让农民们明白了道理。

显而易见,比喻的确是获取通俗易懂效果的最佳手段。凡是聆听过毛泽东演讲的人都深深地感到,毛泽东的演讲非常通俗易懂。不论多深奥、多抽象的道理,多曲折、多复杂的问题经他一讲,就明白如话,形象具体,简单明了,而这一效果的取得,很大程度就是归功于他善用比喻。

5. 善于使用短句子

实践证明:句子越长,结构越复杂,越难读懂、听懂;句子越短,结构越简单,越容易读懂、听懂。因此，我们在讲话时，应避免使用长而结构复杂的句子，而注意使用短而结构简单的句子。请看周恩来在中共中央和国务院直属机关负责干部会议上的报告中所说的话：

官僚主义有各种表现，我现在把它分开来说。

第一种，高高在上，孤陋寡闻，不了解下情，不调查研究，不抓具体政策，不做思想工作，脱离群众，脱离实际，一旦发号施令，必将误国误民。这是脱离领导、脱离群众的官僚主义。

第二种，狂妄自大，骄傲自满；主观片面，粗枝大叶；不抓业务，空谈政治；不听人言，蛮横专断；不顾实际，胡乱指挥。这是强迫命令式的官僚主义。

第三种，从早到晚，忙忙碌碌，一年到头，辛辛苦苦；对事情没有调查，对人员没有考察；发言无准备，工作无计划；既不研究政策，又不依靠群众，盲目单干，不辨方向。这是无头脑的、迷失方向的、事务主义的官僚主义。

第四种，官气熏天，不可向迩；惟我独尊，使人望而生畏；颐指气使，不以平等待人；作风粗暴，动辄破口骂人。这是老爷式的官僚主义。

周恩来用简短的语句给各种官僚主义者画了一幅栩栩如生的画像。

6. 说话语言要规范

我们说话时，不仅内容要真实准确，形式也要规范无误，注意正确性。具体说来，要做到以下几点：

（1）语音规范。

规范的标准是说准确的普通话。说话者的发音准确与否，直接关系到听话者的理解是否正确。例如：

有一位老师到一所小学去给一年级的小朋友作宣传演讲。她一走上讲台，就拿出一张小图片，双手举着说："小朋友，大家请看小肚皮（图片）。"孩子们一听要看小肚皮，就把衣服扣解开了。因为图片的遮挡，老师没有看到孩子们的动作，便又问："小肚皮（图片）上有什么？"孩子们异口同声地答道："肚脐眼。"

原来，这位老师讲的不是规范的普通话，使孩子们误会了。

（2）遣词确切。

一个词单独存在是无所谓正确不正确、恰当不恰当的，但如果这个词使用在句子中，与其他词发生了结构上的关系时，就有正确不正确、恰当不恰当的问题了，而且词义还有大有小，词义的色彩还有褒有贬。这就需要我们能根据听话的对象和表达的内容来选择使用准确的词语。既不能大词小用，小词大用，

也不能褒词贬用,贬词褒用。当然,修辞上另当别论。例如:

小王的亲戚张大妈和儿媳总闹矛盾,小王想劝她们和睦相处,便给她们写了封信。信中有这样一句话:"你们不要总吵架,叫别人笑话。你们应该肝胆相照,和平与共……"

在这句话中,小王就犯了大词小用的毛病。"肝胆相照,和平与共",应用于国际关系,而用它来劝说婆媳间的矛盾,就极不准确了。

与小王相反,外事局的张局长犯了小词大用的毛病。一天,张局长与一外国访问团座谈。座谈会将结束时,张局长作总结发言,他说:"不管国际风云怎样变换,我们两国都要抱成一团儿……"

这"要抱成一团儿",应该用于个人之间的关系,而用于两国间就犯了小词大用的毛病。

另外,有些词还有习惯用法,对这些习惯用法的词,一定要遵从它们的使用习惯,不能随意用其他词语替代。否则,就不能正确地表达思想。例如:

一天,某领导主持一个追悼会,本该说"请默哀三分钟",却说成"请难过三分钟"。三分钟过后,他还没想起"默哀"一词,只好继续用"难过",说:"现在难过结束。"

"默哀"与"难过"是同义词,但在追悼会上,习惯上说"默哀三分钟",不说"难过三分钟"。这是约定俗成的,不能随意改变,改变就难以为人所接受。

(3)停顿恰当。

停顿是指句子当中、句子之间、段落之间和层次之间的间歇。我们说话时,该停不停,不该停而停,都会影响听话者的理解。例如:

某单位调整工资以后,在一次总结会上,一位领导同志在作报告时说:"通过这次调整工资,极大地调动了职工的积极性,加了工资的和尚,未加工资的同志,都纷纷表示……"此"妙语"一出,全场听众哗然,纷纷揶揄道:"我们这里又不是少林寺,怎么还有和尚?""怪不得我们这些人没涨工资,原来把指标送给庙里了!"

7. 富有激情,以情感人

日常生活中,每个人说话时,都会依自己倾注谈话的热心程度而表现出热情与兴趣。这时,我们的真情实感常会从内心里流露出来,这是一种自然的流露,也是一种易感染他人的流露。

在说话和演讲上,如果我们能够调动自身的激情,以情感人,那么,听者的

让孩子一开口就招人喜欢

注意力便在我们的掌控之下，我们就掌握了开启听众心灵之门的钥匙。正如唐代大诗人白居易所说："动人心者莫先于情。"惟有炽热的情感才会使"快者掀髯，愤者扼腕，悲者掩泣，羡者色飞"。

不管世界上哪一个民族的语言，只要饱含真诚的情感，就能产生巨大的影响，就能唤起群众的热诚，就有震撼人心的力量。美国小说家说得好："热情是每个艺术家的秘诀。这如同英雄有本领一样，是不能拿假武器去冒充的。"任何语言，情不深，则无以动人。

一个演说者如果感情不真切，是逃不过成百上千听众的耳朵的。

美国著名政治家林肯非常注意培养自己真诚的品格。

1858 年他在一次竞选辩论中说："你能在所有的时候欺瞒某些人，也能在某些时候欺瞒所有的人，但不能在所有的时候欺瞒所有的人。"这句著名的政治格言，成了演说者的座右铭。

无哗众取宠之心，有实事求是之意，才能取信于宣传对象，使他们接受演说者的思想、观点。一个演说者如果讲话华而不实，只追求外表漂亮，开出的只能是无果之花。若缺乏真挚而热烈的情感，只是用"人工合成"的感情，虽然能欺骗听众的耳朵，却永远骗取不到听众的心。因为心弦是不会随随便便让人拨动的。

一位著名演说家曾这样说过："在演说和一切艺术活动中，惟真情，才能够使人怒；惟真情，才能使人怜；惟真情，才能使人笑；惟真情，才能使听众信服。"

若要使人动心，必先使自己动情。

第二次世界大战期间，英国首相丘吉尔在对秘书口授反击法西斯战争动员的讲稿时，"像小孩一样，哭得涕泪横流"。他的这次演说动人心魄，极大地鼓舞了英国人民的斗志。

演说者具有真情实感并且能够平等待人，虚怀若谷，他的话语方能如滋润万物的甘露，点点滴入听众的心田。而盛气凌人，眼睛向上，把自己打扮成上帝，以教育者姿态自居的人，是无法和听众交心，赢得听众的爱戴的。

真诚的态度是成功的交际者的妙诀，也是演说者和听众融为一体，在情感上达到高度一致，在情绪上引起强烈共鸣的妙诀。那种把自己看做是凌驾于他人之上的布道者，或自视为高人一等的儒士、学者，开口就是"我要求你们"、"大家必须"、"我们应该"这类的命令式词句，或用满口堂而皇之的言辞掩饰自己的真情，听众是绝对反感的。所以，当你说话时，不要忘记真情实感。

8. 入情入理，话语真诚

入情入理，一方面显示说服者坦诚的态度，另一方面又尊重对方，并为对方着想。这样就使双方易于沟通，扩大了双方的共识，促使合作成功。

日本松下电器公司还是一家乡下小工厂时，作为公司老板的松下幸之助总是亲自出马推销产品。松下幸之助在碰到杀价高手时，他就说："我的工厂是家小厂。炎炎夏天，工人在炽热的铁板上加工制作产品。大家汗流浃背，却努力工作，好不容易制作出了产品，依照正常利润的计算方法，应当是每件×元承购。"

对手一直盯着他的脸，听他叙述，听完之后，展颜一笑说："哎呀，我可服你了，卖方在讨价还价的时候，总会说出种种不同的话，但是你说得很不一样，句句都在情理之中。好吧，我就照你说的买下来好啦。"

松下幸之助的成功，首先在于他真诚的态度。他强调自己是依照正常的利润计算方法确定价格的，自己并无贪图非分之财之意，他也同时暗示对方无讨价还价的余地。这就使对方调整角度，与其达成共识。

松下幸之助的语言充满情感，他描绘了工人劳作的艰辛，创业的艰难，劳动的不易，语言朴素、形象、生动，语气真挚、自然，唤起了对方的切肤之感和深切同情。

正如对方所说的，松下幸之助的话"句句都在情理之中"，对方接受自在情理之中。

有一家大型公司的总经理要租用一家旅馆大礼堂开一个经销商会议，刚要开会，对方通知他要付比原来高三倍的租金。没办法，总经理去找旅馆主管交涉。他说了下面这番话：

"我接到您的通知时，有点震惊。不过这不怪您，假如我处在您的地位，也许也会写出同样的通知。您是这家旅馆的经理，您的责任是让旅馆尽可能多地盈利。您不这么做的话，您的经理职位难以保住，假如您坚持增加租金，那么让我们来合计一下，这样对您有利还是不利。先讲有利的一面，大礼堂不出租给开会者而出租给举办舞会、晚会的，那您可以获大利了。因为举行这一类活动的时间不很长，他们能一次付出很高的租金，比我的租金当然要多得多。租给我，显然您是吃大亏。现在，再考虑一下'不利'的一面，首先，您增加我的租金，反而降低了收入，因为实际上等于您把我撵跑了。由于我付不起您所要的租金，我势必再找别的地方举办会议。还有一件对您不利的事：这个会议的参加

让孩子一开口就招人喜欢

者来自全国各地,他们的社会地位、文化教养、受过的教育都在中等以上。这些人到旅馆来开会,对您来说,这难道不是起了不花钱的活广告的作用吗？事实上,假如您花5欧元钱在报刊上登广告,您也不可能邀请这些人亲自到您的旅馆参观。可我的会议为您邀请来了。这难道不合算？请仔细考虑后再答复我。"

如此入情入理的恳谈,任何人都无法拒绝。最后,旅馆经理向那位总经理让步了。这位具有出色口才的公司总经理为人们上了一堂生动的口才课。

真正站在对方的立场上,为对方着想,并全面分析双方的利弊得失,说话真诚,语气亲切随和,不卑不亢,入情入理,这是成功地说服对方的真谛之所在。

9. 说话要谦虚

说话谦虚是一种美德,谦虚者常常给人留下有礼貌、有素养、有深度的印象。面对陌生人时,飞扬跋扈只会让人退避三舍。而谦逊得体、不卑不亢的言谈举止能够充分体现自己的涵养和平易近人的性格,为对方带来亲切随和的感受,消除其胆怯、羞涩的心理,此外还能给其以较大的自由度和自信心,鼓励其大胆积极地将交谈展开、深入。

解放战争时期,有一次刘少奇同志为华北记者团的同志作了一次工作报告,报告的开始是这么说的:"很久以前就想和你们做新闻工作的同志谈一次话,我过去只和新华社的同志谈过,和多数同志没谈过。谈到办报,我是外行,没办过报,没写过通讯,只是看过报。因此,你们工作的甘苦我了解得不真切。但是,作为一个读者,我可以向你们提点要求。你们写东西是为了给人家看的,你们是为读者服务的。看报的人说好,你们的工作就是做好了。看报的人从你们那得到材料,得到经验,得到教训,得到指导,你们的工作就是做好了……"刘少奇的讲话给在场的同志留下了深刻的印象。

在这次指导性的讲话中,刘少奇没有拿出领导人的架子和颐指气使的腔调,而是以一个新闻界外行的身份,从读者的角度与记者们倾心而谈。这种谦虚诚恳的态度使记者们备感亲切,使国家领导人与普通记者之间的关系很快变得亲如友人。

10. 使用礼貌语言和谦词

中国是一个文明古国,也是礼仪之邦,在物质生活极度丰富的今天,更应重视精神文明。在人与人的交往中，如果都能注重文明礼貌，大家的心情也会更加舒畅，精神也会更加愉快。

爽快的言论人皆爱听，能尊重别人的人，亦受尊重，虽然事理不尽相同，但只要我们心怀谦逊，随时注意说声"请"、"对不起"、"谢谢"，必能减少很多摩擦和不必要的误解。

你当然明白这些字眼的意义，但何时适用呢？

上班时身边的同事为你倒杯茶，随口就说："谢谢！你看茶梗还浮在上面，新泡的吧！嗯！由你倒来的茶特别香。"对方必是欢欣无比，心想以后就是一日泡三四次也是愿意的。

曾听朋友讲过这样一件小事：

她们几个刚从大学校园毕业的年轻女孩有一天到百货公司购物，在上厕所的时候，正逢清洁工们在打扫卫生，其中一人随口对那位瘦小的清洁工说："辛苦你啦！"这位清洁工竟激动得望着对方的脸说："谢谢！您真是个好人。"

朋友后来感慨地说："也许从她上班那天起还未曾有人对她说句'辛苦你啦'的话，大部分人只想到她是个扫厕所的工人，甚至嫌她脏。而一句简单的'谢谢'，足以让她欣慰，让她感到温馨、鼓励与支持。"

有人曾做过一次问卷调查访问送报者，询问他们送报工作何时最快乐，其中 20 人答称领薪水时，而 70 人答道：当顾客说"辛苦你了"时最感欣慰。这个调查显示了感谢的力量之大。

当我们请人做一件事时，最好说："辛苦你了！因为你的帮忙，让我获益匪浅。"

如果我们不知感恩图报，反而说："什么？有这种办事效率？既然答应帮忙又为何拖泥带水的？"这么一来，即使对方有意突破困难，助我们一臂之力，见此情景亦会心灰意冷，心想："这种人谁会再帮你第二次忙！"

其实，不管我们是否心情愉快，多说"辛苦了"、"谢谢你"之语，总不会惹人厌烦，说不定别人脸上的微笑，可让我们的心情愉快起来呢！

当我们给别人带来麻烦和不便时，一句"对不起，实在是我自己不小心啊"或"对不起！我并非故意的，请见谅"等语句，大概就可大事化小，小事化了，不会节外生枝，惹些意外的纠纷。

而我们常用的一些礼貌词，往往代表着对对方的尊重，若因此而引起人家对你礼貌周到的好感，不也是意外收获吗！

俗话说："好话一句三冬暖"，"礼多人不怪"。在交往中得体地使用礼貌语言和谦词可以给对方留下良好的印象。如与好久不见面的人见面说"久违"；与

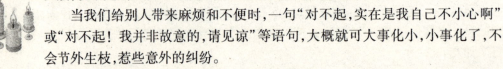

不相识的人初次见面说"久仰";有了过失求人原谅说"请包涵";请人帮忙说"劳驾";有事找别人商量说"打扰";不让人远送说"请留步";求教于人说"请指教";不能陪客人说"失陪";送还物品时说"奉还";陪同朋友叫"奉陪";影响他人工作和休息说"打搅了";当别人表示谢意时说"别客气"。

11. 驾驭说话的语气

说话都离不开语气。在一句话中,不但有遣词造句的问题,而且有用怎样的语气表达,说话才准确、鲜明、生动的问题。

抗日战争时期,文学大师郭沫若在台下观看自己创作的五幕历史剧《屈原》的演出,他听到婵娟痛斥宋玉:"宋玉,我特别恨你,你辜负了先生的教训,你是没有骨气的文人!"

郭老听后,感到"你是没有骨气的文人"这句话,骂得还不够分量,就走到后台去找"婵娟"商量。"你看,在'没有骨气的'后面加上'无耻的'三个字,是不是分量会重些?"

这时,正在一旁化妆垂钓者的演员张逸生,灵机一动,插了话:"不如把'你是'改为'你这','你这没有骨气的文人',这多够味,多么有力!"

郭老拍手叫绝,连称:"好!好!"

这一字之改,不仅使原来的陈述句变为坚决的判断句,而且使语言有强烈的感情色彩,语气也更加有力,婵娟的愤怒之情溢于言表。

一个人只要驾驭了语气,就能够出口成章。语气包含思想感情、声音形式两方面内容,而思想感情、声音形式又都是以语句为基本单位的。因此,语气的概念又表述为具体思想感情支配下的语句的声音形式。语音作为语言的物质外壳,是语气表达所必须依据的支持物。语言有表意、表情、表志的作用,语气相应也分为这三种。

(1)表意语气。

表意语气指的是向对方传递某种信息。如陈述、疑问、祈求、命令、感叹、催促、建议、商量、呼应等。这种语气词或独立成小句,或用于小句末,或用于整个句子末尾。指明事实,提请对方注意,用"啊、呢、咯、嗯"等;催促、请求用"啊、吧";质问、责备用"吗",如与副词"难道"搭配,语气更为强烈;说理一般用"嘛"和"呗";招呼、应呼用"喂";揣测用"吧"。

(2)表情语气。

表情语气是谈话中表现的感情。如赞叹、惊讶、不满、兴奋、轻松、讽刺、呵斥、警告等。赞叹用"啊"，句中常有"多"字搭配；惊讶用叹词"啊、哎、哟、咦"；叹息用"唉"；制止、警告用"嘘、啊"；醒悟用"哦"；鄙视用"呸"，等等。

（3）表志语气。

表志语气，就是对自己的说话内容表示某种态度。如肯定、不肯定、否定、强调、委婉、缓和等。肯定用"得了（是）……的"；缓和用"啊、吧"，语气显得平淡，不生硬；夸张用"呢、着呢"。

语言是人际交往的桥梁。正因为有了语言，才丰富了人的社会化的内容，扩大了社会化的范围，加速了社会化的进程。但是，应该看到，人在社会化的过程中，由于受社会、家庭和个人的某种语言习惯的影响形成了每个人的独特的习惯语势，因此要尽早克服那些不符合语气要求的习惯语势。

有的人讲话声音变化很大，总是一开口声音很高、很强，到后来越说越低、越弱，句尾的几个字几乎听不到。这种头重脚轻的语势使语意含混，容易造成听话人的疲劳感。有的人讲话，总是带有一种"官腔"，任意拖长音，声音下滑，造成某种命令、指示的意味。有的人讲话，则喜欢在句尾几个字上用力，使末一个字短促，语力足，给人以强烈感、武断感，容易让人不舒服。

把握语气主要是做到句首的起点要参差不一，句腹的流动要起伏不定，句尾的落点要错落有致，这样就能使语气千姿百态，丰富多彩。正确地运用语势，就会对每句话的表达从语意上给以具体把握。这种把握是驾驭语气的基本内容。

12. 根据不同场合调整语气

要取得良好的效果，有声语言的表达，必须考虑场合、对象、时机等因素，要根据不同场合、不同时机、不同环境和不同对象的语言交流特点，灵活恰当地运用语气的多种形式，做到适时而发。

（1）因地而异。

把握语气要注意说话的场合，这是十分必要的。一般来说，场面越大，越要注意适当提高声音，放慢语流速度，把握语势上扬的幅度，以突出重点。相反，场面越小，越要注意适当降低声音，适当紧凑词语密度，并把握语势的下降趋向，追求自然。场合不同，应运用不同的语气。在谈话的场合和演讲的场合、论辩的场合和对话的场合、严肃的场合和轻松的场合、安静的场合和嘈杂的场合等，都要根据情况使用不同的语气。

（2）因时而异。

同样一句话,在不同时候说,效果往往大相径庭。抓住时机,恰到好处,运用适当的语气,才会产生正确有效的效果。

（3）因人而异。

驾驭语气最重要的一条是语气因人而异。语气能够影响听话者的情绪和精神状态。语气适应于听话者,才能同向引发,如,是喜悦的会引发出对方的喜悦之情,是愤怒的会引发出对方的愤怒之意;语气不适应于听话者,则会异向引发,如生硬的语气会引发出对方的不悦之感,埋怨的语气会引发出对方的满腹牢骚等等。

判断说话语气的依据是一个人内心的潜意识。语气是有声语言的最重要的表达技巧。掌握了丰富、贴切的语气,才能使我们的思想感情处于运动状态,不时对通话人产生正效应,从而赢得交际的成功。

13. 培养表达心声的语调

语调,就是说话的腔调。从严格定义上说,语调应表述为:整句话和整句话中某个语言片断在语音上的抑扬顿挫,包括全句或句中某一片断的声音的高低变化,说话的快慢（即音的长短和停顿）以及轻重等。语调能反映出一个人说话时的内心世界、情感和态度。当你生气、惊愕、怀疑、激动时,你表现出的语调也一定不自然。从你的语调中,人们可以感到你是一个令人信服、幽默、可亲可近的人,还是一个呆板保守、具有挑衅性、好阿谀奉承或阴险狡猾的人。你的语调同样也能反映出你是一个优柔寡断、自卑、充满敌意的人,还是一个诚实、自信、坦率以及尊重他人的人。

无论你谈论什么样的话题,都应保持说话的语调与所谈及的内容互相配合,并能恰当地表明你对某一话题的态度。在口语交际中,语调往往比语意能传递更多的信息,能对听众的心理产生极其微妙的特殊作用,因此更为重要。

在波兰有位明星,人们都称她为摩契斯卡夫人。一次她到美国演出时,有位观众请求她用波兰语讲台词。于是她站起来,开始用流畅的波兰语念出台词。观众们虽然不了解她台词中的意义,却觉得听起来令人非常愉快。

摩契斯卡夫人接着往下念后,语调渐渐转为低沉,最后在慷慨激昂,悲怆万分时戛然而止。台下的观众鸦雀无声,同她一起沉浸在悲伤之中,而这时,台下传来一个男人的笑声,他就是摩契斯卡夫人的丈夫——波兰的摩契斯卡伯爵,因为他的夫人刚刚用波兰语背诵的是九九乘法表!

从这个故事中我们可以看到,语调的不同竟然有如此不可思议的魅力。即使不明白其意义,也可以使人感动,甚至可以完全控制对方的情绪。因此,你的声音是很重要的!

希腊哲学家苏格拉底说:"请开口说话,我才能看清你。"正因为他了解,人的声音是个性的表达,声音来自人体内在,是一种内在的剖白,因此,你的声音中可能会透露出畏惧、犹豫和缺乏自信,也可以透露出喜悦、果断和热情。

我们说话的声音,也必须和音乐一样,能够渗进人们心中,才能达到说服别人的目的。因此,在表示有疑问的时候,你可以稍微提高句尾的声音;要强调的时候,声音的起伏可以更大些;要表现强烈的感情时,可以把调子降低或逐渐提高。

总之,绝对不要使你的语气单调,因为音阶的变化会加强你的说服力。你的热情会在音阶的变化中展现,并且能够感染听者,从而产生说服的力量。

如果你在说话时,只是抓住了字词的表面意义,那么你只是用"借来的字词"在传达而已,你并不是个很高明的说话者。你应该把这些字词的意义充分地表达出来,并且加上你对它们的爱,那么你的表达才是完整的,你的感情才能充分地表露出来。

14. 掌握有特色的各种句调

一句话之所以富有表现力,是因为它声音有高有低,有快有慢。声音的高低是由声带的松紧决定的,声带拉紧,声音就变高,声带放松,声音就变低。我们说话可以自由地控制声带的松紧,使之发出不同的高低音。一句话声音的高低变化叫做句调。句调是语调中主要的内容。句调可分升调、降调、曲调、平调四种。升、降、曲、平四调,各具特色。只有掌握句调的特点,才能灵活表达出各种句调。

(1)升调。

这种句调前低后高,整个句子的后半句明显升高,句末音节高亢,一般用于提出问题、等待回答、感情激动、情绪亢奋、句中顿歇、意犹未尽、发号施令、宣传鼓动、惊异呼唤、出乎意料等场合。

(2)降调。

这种句调先高后低,但声音不是明显下降,只是逐渐降低,句末音节短而低。在口头交际中,降调的使用最为常见,它多用于情绪平稳的陈述句、感情强烈的感叹句、表达愿望的祈使句。

(3)曲调。

这种句调由高转低,自低升高,或由低转高,再降低。曲调能表达出复杂的情绪或隐晦的感情,所以常用于语意双关、言外有意、幽默含蓄、讽刺嘲笑、意外惊奇、有意夸张等处。

（4）平调。

这种句调变化不大,平稳、舒缓,多用于表达事情转重的文句,如庄重严肃、冷淡漠然、思索回忆、踌躇不决等。

15. 控制说话的轻重快慢

说出的话中含有语调才能显得抑扬顿挫。抑扬顿挫构成语言自然和谐的音乐美,能细致表达思想感情和语气,使语言更富有吸引力。一般来说,语调越多样化,越生动活泼,其吸引力就越大。

分寸感是语调正确的首要条件。每句话都可以用不同的语调来说,但不同的语调给对方的信息刺激也是不同的。同样一句话,由于语调不一,就可能给人不同的理解,文明的语言可能揭示不尊敬对方的信息,相反,有些不礼貌的语言在非常亲近的人当中,却给人揭示一种亲密无间的信息,关键在于语调分寸感的使用。

恰当地运用不同的语调,是衡量一个人口头表达能力的重要标志。

人们说话都有轻重快慢之分。一般来说,重要的词语或需要强调的内容说得重些,句子中的辅助成分或平淡的内容说得轻些。说话轻重适宜,能使语意分明,声音色彩丰富,语气主动活泼,语言信息中心突出,从而引起听者的注意,引导听者的思路,易于被人理解和接受。

说话的轻与重,是相对而言的。太轻,容易使听者减少兴趣;太重,也容易给听者突兀的感觉。应根据说话的内容,该轻则轻,该重则重,使人感到音节错落有致,舒服畅快。

语速应根据交际场合和个人表情达意的需要而选择。运用恰当的语速说话,是控制语调的主要技巧。在需要快说时,语速流畅,不急促,使人听得明白;在需要慢说时,不能拖沓,要声声入耳。语速徐疾,快慢有节,才能使言语富于节奏感。听者处在良好的倾听环境里,才能不疲劳,并且增强语言的感染力。

语调对于有声语言表达的效果有重要的作用。语调不仅能成功地表达一个人的心理和性格,还可以表达说话者微妙的感情。

不同的语调,将导致对方不同的感觉效果。一句话起什么作用,产生什

让孩子一开口就招人喜欢

么效果,给听者什么感受,取决于说话者的语气和语调。语调关系到口才的成功和失败,所以要想交际成功,必须练习那种真实、准确、富有生命力的语调。

第五章 在语言中加入情感元素

1. 恰当措词

知道怎样去运用声音、语调、姿态等，还是不够的，说话的方法是将字眼变成声音。现在让我们来讨论研究怎样用字眼。说话要字眼不多，要更简洁、更通俗。有些人叙述一件事情，拼命地说出许多许多，最终还没有把他的意思表达出来，结果对方费了很大的时间与精神，却抓不到他话中的焦点。犯这种毛病的人一定要自己尽力纠正过来，减少人家费神又费时。改正的方法，就是在话还未说出之前，先在脑子里考虑考虑，打好一个自己所要表达的意思轮廓再叙述出来。这样长时间的训练，使你能很快掌握说话时抓住中心，明白确切，让人家听清楚了内容。

要答应别人一件事时，最多用两个好字就够了，但有些人却"好好好好……"地一连说上十几个好，这种重叠使用，不仅浪费，而且可笑。比如说，临别时说明天再会，有人就说明天再会明天再会……其实用叠句的时候，除非是要特别引人注意，或特别要增强力量时才使用，但在平时，这种习惯还是要避免为佳。如果你是个太讲究客气的人，你还是最好改变一下作风吧！过犹不及，世上凡事总是要适可而止。把客气的话说得太多，反而使人讨厌。同样的名词也是不可用得太多，我听见一个人解释物质不灭的原理时，在几分钟内，把其中一句科学术语运用了二三十次，无论什么新奇可喜的名词，多用便会失去它动人的价值。第一个用花来比喻女人的人是最聪明的，第二个再用这个比喻的人便是庸才了。谁人不爱新鲜？每说一事，要创造一个新名词，把一个名词在同一时间内重复来用，是会使人厌倦的，是非常乏味的。

同一个名词不可在同时用来形容不同的对象。某次见一幼儿园教师说故事，说到公主，她说，这公主是很美丽的，说到太阳，她也说，这太阳是很美丽的。此外，说到水池、小羊、绿草、远山等等，无不用美丽这两个字来形容。她为什么不用可爱的、柔嫩的、光亮的、迷人的等字句来调剂一下呢？这不是可以增加听者的兴趣吗？

当一个语句成为你的口头禅时，你就很容易被它束缚着，以致无论你想说什么,也不管是否适用,都会脱口而出。这毛病是很容易使人取笑的。或许你爱说:岂有此理;也许爱说:我以为;也许爱说:依然;也许爱说:绝对的;也许爱说:没有问题。所有这些和你所说的事情意义毫无相关的口头禅,还是尽力避免吧。

字为文章的衣冠,言语为个人学问品格的衣冠,有许多人相貌堂堂,或看上去高贵华丽,可是,不开口还好,一开口,则满口粗俗污言,使人听了作呕,刚才敬慕之心,全然消失,这情形并不少见。可惜的是,有些人并非学问品格不好,不过一时大意,犯了这习惯,自己不知道改正而已。俏皮而不高雅的粗俗污言,人们初听时觉得新鲜有趣,偶尔学着说说,积久便成习惯,结果是随口而出。那些话试想在社交场上,给人听见了,会产生怎样的反感呢?在若干学校里,常各有其特殊流行的污言,虽可在学校里大家当做有趣的话说,但在学校外面,就以不说为佳。不习惯说这话的人,听到时会觉得很难堪。可以用幽默而有趣的话来表现你的聪明、灵活、风趣,但不可用低级趣味的话来表示你的鄙劣、轻浮和浅薄。在一个陌生人的面前,一句这样的话足可以把你的地位降低,让人家瞧不起你。太深奥的名词,切不可多用,除非你是和一个学者讨论一个学术上的问题,否则,满口新名词,即使用得恰当,也是不大好的,把主观的、形而上学的、一元论的、二元论的、形象、典型、半导体、光年等名词,对一个新朋友说是不好的,除非是到了非用不可的时候。随便滥用学术上的名词,在听不惯的人而言不知你在说什么,且以为你有意在他面前炫耀你的才学,听得懂的人则觉得近乎浅薄。曾见一个交际花,她每说一句话,差不多都是用各种名词串起来,使人听了作呕,并不能产生好感。

2. 说话要真实诚恳

真诚,顾名思义就是真实诚恳。谚语说:"真诚贵于珠宝,信实乃人民之珍。"说话真诚的人,能得到别人的信任。

北宋词人晏殊素以说话真诚著称。他14岁时参加殿试,真宗出了一道题让他做,晏殊看过试题后说:"我10天以前做过这个题目,草稿还在,请陛下另外出个题目吧。"真宗见晏殊这样真诚,感到他可信,便赐他"同进士出身"。晏殊在史馆任职期间,每逢假日,京城的大小官员常到外面吃喝玩乐。晏殊因为家贫,没有钱出去,只好在家里和兄弟们读书写文章。有一天,真宗点名要晏殊担任辅佐太子的东宫官,许多大臣不解。真宗对此解释说:"近来群臣经常游玩饮宴,只有晏殊和兄弟们闭门读书,如此自重谨慎,正是东宫合适的人选。"晏殊向真宗谢恩后说："我也是个喜欢游玩饮宴的人，只是家里穷而已，如果我有钱，也早就参与宴游了。"真宗听了，越发赞叹他的真诚，对他更加信任。

真诚，不论对说话者还是对听话者来说都非常重要。若不真诚待人，等于欺人、愚人，若轻信他人不实之词，可能会耽误大事，造成不良后果。

美国总统林肯非常注意培养自己说话的真诚情感。林肯说过："一滴蜂蜜比一加仑的胆汁能吸引更多的苍蝇。人也是如此，如果你想赢得人心，首先让他相信你是最真诚的朋友。那样，就像有一滴蜂蜜吸引住他的心，也就是一条坦然大道，通往他的理性彼岸。"1858 年，林肯在一次竞选辩论中说："你能在所有的时候欺瞒某些人，也能在某些时候欺瞒所有的人，但不能在所有的时候欺瞒所有的人。"这句著名的格言，成了林肯的座右铭。

3. 言辞坦率

成功人士大多性格豁达，语气率直，表现出坦诚的性格和品质。项羽的"力拔山兮气盖世"、刘邦的"大风起兮云飞扬"等等，显示了粗犷坦率的语言风格。说话贵在以心换心，坦白、真诚。当对方心存疑虑之时，以肝胆相照的坦率言辞能促使对方畅所欲言。

1940 年秋的一天，在海安韩府的客厅里，爱国老人韩紫石接待了新四军司令员陈毅。当时，国民党江苏省政府主席兼苏鲁战区司令韩德勤正在制造摩擦，不断向新四军挑衅。韩紫石老人对党的统一战线政策，对新四军能否不计前嫌，与国民党真诚合作，共同抗日，尚存怀疑。谈笑间，他念出一个上联试探陈毅："陈韩陈韩，分二层（陈）含（韩）二心。"陈毅仰天大笑，朗声答道："谁说我们分二层含二心？我陈毅不仅对你韩紫石大人是一层一心，对他韩德勤那个韩也是一层一心。"接着，陈毅随口对出下联："国共国共，同一国共一天。"韩紫石老人听罢，心头暗喜，对陈毅的坦率心胸和雄才大略深为敬佩，当即书赠对联一副："注述六家胸有甲，立功万里胆包身。"韩紫石老人后来为抗日做了许多工作。

英国作家哈尔顿，他为编写一本《英国科学家的性格和修养》的书，采访了达尔文。由于达尔文的坦率尽人皆知，哈尔顿就不客气地直接问达尔文："您主要的缺点是什么？"达尔文回答："不懂数学和新的语言，缺乏观察力，不善于合乎逻辑地思维。"哈尔顿又问："您的治学态度是什么？"达尔文又答："很用功，但没有掌握学习方法。"听了这些直接的回答，谁能不为达尔文的坦率鼓掌呢？按理，像达尔文这样的大科学家，完全可以不痛不痒地说几句话，或为自己的声望再添几圈光环。但达尔文却能做到一是一,二是二,把自己的缺点毫不掩饰地袒露在人们面前,这种说话技巧,换来的是别人真挚的信赖和尊敬。

4. 快人快语

说话缠缠绵绵、吞吞吐吐,想说又不痛快地说出来,这不是成功人士的做派。想说就说、干脆利落、洒脱旷达、直抒胸臆,充分显示出成功人士的潇洒。

抗战期间,著名作家张恨水在成都大学演讲时说的一段话,体现了他爽快的性格。张恨水说:"今天,我这个'鸳鸯蝴蝶派'作家到大学区来演讲,感到很荣幸!我取名'恨水'不是什么情场失意,我取名'恨水'是因为我喜欢南唐后主李煜的一首词《相见欢》:'桃花谢了春红,太匆匆,无奈朝来寒雨晚来风。胭脂泪,相留醉,几时重?自是人生长恨水长东!'我喜欢这首词里有'恨水'二字,我就用它做笔名了。"

真是快人快语,把自己的文学流派、性格爱好统统"自报家门",毫不相瞒。这样的说话显得真诚坦率,听众无不深受感染。

5. 不要轻易说谎

说真话、讲实话,是表达感情的前提,是语言成功的条件。

有一个厂长就职时向员工发表别出心裁的讲话:"我来当厂长,我打心里高兴!但厂长不好当,担子重啊!从现在起,我这个厂长给大家交个底儿,我不想干两件事就'捞一把',非跟大伙儿一块干出个样子来不可,好比一根绳子上拴着两只蚂蚱,飞不了你们,也蹦不了我……"这几句话平实、通俗,没有大道理,更没有表面的客套,但让人们听后就觉得含义不平常。显然,它赢得了员工的信任,许多人说:"这个厂长挺实在……""厂长是个老实人,我们跟着实在的厂长干,叫人心里踏实……"

这位厂长当着全厂职工第一次亮相就"得了分"。他这次亮相的确对说话的方式、内容、角度进行了周密的考虑,实实在在地讲了自己上任时的心理活动及上任后的打算,从而达到了与职工交流的目的。

日本著名的推销员原一平说过:"做人做生意都一样,第一要诀是诚实。诚实就像树木的根,如果没有根,那么树木也就没有生命了。"原一平自身的成功也证明了这一点。原一平年轻时曾在一家机器公司当推销员。有一次他在半个月内就和30位顾客做成生意。不久,他却发现他现在所卖的这种机器比别家公司所生产的同样性能的机器价钱要贵。他想:如果客户知道了一定以为我在欺骗他们,会对我的信用产生怀疑。为了妥善解决问题,原一平便带着合约书和订单,逐户拜访客户,如实向客户说明情况,并请客户重新考虑选择。这种诚实的做法使每个客户都深受感动。结果,30 人中没有一个解除合约,反而成了更加忠实的消费者。

做生意的规律是,只要你的一个产品有问题,你的全部产品就都会受到怀疑。说话也是如此,只要你十句话中有一句是谎言,你的全部话语就都会受到质疑。一个人种下什么,就会收获什么。种下欺骗,收获的就是欺骗;种下坦诚,收获的就是坦诚。以诚感人,要求诚与情密切配合。说话要使人动情,唤起人们的真情。

6. 说话要充满感情

只有被感情支配的人最能使人相信他的情感是真实的,因为人们都具有同样的天然倾向,惟有最真实的生气或忧愁的人,才能激起人们的愤怒和忧郁。在话语交际过程中,要使对方感受到情感的真实,说话人的话语一定要受到发自内心的充沛情感的支配。

梁启超自谓"笔锋常带情感",其实他在言谈讲演中所带的情感更强烈。清华学校有一次邀请梁启超做演讲,题目是《中国韵文里表现的情感》。他讲演到了高潮处,便成为表演了,手之舞之,足之蹈之,有时掩面,有时顿足,有时狂笑,有时叹息。当他讲到最喜爱的《桃花扇》中"高皇帝,在九天,不管……"那一段时,他悲从中来,竟痛哭流涕而不能自已。掏巾拭泪时,台下听众也大多是泣下沾巾了。又当他讲到杜甫诗中"剑外忽传收蓟北,初闻涕泪满衣裳……"又真个在涕泪交流中张口大笑了。讲演完毕,梁启超已是大汗淋漓,状极畅快。

曾在"江城之夏"演说邀请赛中获一等奖的当代演说家张燕平演讲的《陕北行》,情真意切,也同样具有催人泪下的力量。他讲述了当年一些出生入死的老红军战士,不讲资格、不论功劳,仍在这块贫瘠的土地上劳动,过着布衣粗食的生活。张燕平用热心讴歌了老一辈外表朴实无华,内涵却十分高尚的"黄土的性格",使台上台下发生了强烈的共鸣。鲁迅先生说:"只有真的声音,才能感动中国人和世界人;必须有真的声音,才能同世界人同在世界上生活。"这个真就是真实和笃诚的说话技巧。

让孩子一开口就招人喜欢

7. 如何表达激动

水面上没有波澜,固然平静,但也让人觉得它太呆板,太没有生气。我们的生活中若是缺少情感的作用,很难想像它将会是个什么样子,或许一切行为对我们将失去意义。

刘兰芳是我国著名的评书表演艺术家,拥有许多听众,她说的《岳飞传》一时间在全国万人空巷,反响巨大。她为什么说得那么好呢?这与她在书中贯注满腔激情分不开。许多说书的艺术家对岳飞风波亭受刑一段过程避而不讲。但是,刘兰芳却从这段"进入角色",以此打动听众,在演说过程中,她大胆突破,对岳飞受刑进行了满含深情的渲染,充分展示了人物的高风亮节。当她说到岳飞不顾切肤之痛,在生命垂危之时,依然忧国忧民时,深为岳飞的英雄气概所感动,止不住热泪盈眶。

正是因为刘兰芳投入了感情,声情并茂,所以每次播讲时,都牵动了千千万万听众的心。一位听众在写给刘兰芳的信中说:"你讲的奸臣得势,忠良受害,真是太感人了。我想听又不敢听,但最后还是含着眼泪听完了。"这样的艺术效果是十分显著的。因为惟有真情,才能换得真情。

8. 如何表达伤感

人是感情动物。杜甫在著名诗篇《蜀相》中写道:"出师未捷身先死,长使英雄泪满襟。"无情未必真豪杰,弹泪未必不丈夫。

林肯出身于一个鞋匠家庭,而当时的美国社会非常看重门第。林肯竞选总统前夕,在参议院演说时,遭到了一个参议员的羞辱。那位参议员说:"林肯先生,在你开始演讲之前,我希望你记住你是一个鞋匠的儿子。"林肯看看他,没有生气、没有愤怒,而是用略带伤感的语气深沉地说:"我十分感谢你说的话,因为它使我想起我的父亲,他尽管已经去世了,但我会永远记住你的忠告,我知道我做总统无法像我父亲做鞋匠做得那么好。"听了林肯这一席话,参议院陷入一片沉默。过了一会儿,林肯又对刚才那个参议员说:"据我所知,我的父亲以前也为你的家人做过鞋子,如果你的鞋子不合脚,我可以帮你改正它。虽然我不是伟大的鞋匠,但我从小就跟随父亲学到了做鞋子的技术。"说完这几句话后,林肯大声地对全体参议员说:"对参议院的任何人都一样,如果你们穿的那双鞋是我父亲做的,而它们需要修理或改善,我一定尽可能帮忙,但是有一件事是可以肯定的,我无法像他那么伟大,他的手艺是无人能比的。"说到这里,林肯流下了眼泪,顿时,参议院所有的嘲笑都化成了真诚的掌声。后来,林肯如愿以偿地当上了美国总统。

作为一个出身低下的人,林肯没有任何后台可供依靠。他惟一的资本只有自己扭转不利局面的才华。正是一次伤感的话语,使他赢得了参议院所有参议员的尊重,抵达了生命的辉煌。林肯在关键时刻运用了他的眼泪,让人们看到了他的铁汉柔情。

9. 如何表达热忱

历代政治家、军事家、社会活动家都十分重视发挥自身的说话技巧。革命导师列宁不但是一位非凡的政治家、理论家,而且是一位热忱的演说家。斯大林曾赞扬说,列宁说的话具有非凡的说服力,简短通俗的词句,没有半点矫揉造作的色彩,不玩半点令人目眩的手势,不用半句故意刺激听众的词藻——所有这些,都使得列宁的演说比通常"国会"演说家高明得多。

和列宁一样,我国著名的革命家和军事家贺龙元帅也是一位热忱的谈话者。

1940年7月,贺龙在晋绥军区的党员训练班讲党课,讲课之前,指导员带人抬来一张旧木桌,一条木板凳子,桌子上放了两个粗瓷大碗和一双布鞋。这三样东西,一下子吸引住了学员,大家不明白要干什么。贺龙笑眯眯地说:"我来讲第一课,党的群众路线,就是党和群众的关系喽!"然后他端一个大碗问学员,里面的小米是做啥子用的,大家异口同声回答,是做饭的。又问哪来的,大家回答老百姓种的。贺老总由此生发开,讲吃小米容易,种小米难,又讲老百姓吃墨石,让部队吃小米,讲军民关系,讲群众路线,又批评了有的同志违反群众纪律的事,讲得大家心服口服,大家明白了搞不好群众关系就会挨饿、打败仗的道理。说着说着,贺龙拿起另一个大碗,里面盛满了水,还有一条鱼。贺龙把鱼从碗里捞出来,不一会儿,鱼不动了。贺龙乘机问,鱼为什么不动了,回答是离开了水。贺龙总结道,军队和群众,是鱼与水的关系,鱼离不开水,军队离开群众,就不能生存。根据地的存在,人民军队的壮大,都是因为执行了党的路线,群众拥护的结果。

贺龙的课讲得具有真情实感,它不仅重点突出,层次清楚,而且把一个严肃的课题讲得浅显形象,通俗易懂。如果贺龙没有对人民群众的热爱之情,没有对人民子弟兵的热爱之心,不考虑学员的文化程度、理论水平、接受能力,就不

让孩子一开口就招人喜欢

可能讲出这些道理,就不可能对党的群众路线做如此深刻的阐述。

马雅可夫斯基说过,语言是人的力量的统帅。如果说眼睛是心灵的窗户,语言则是心灵的阳光。好的言谈,如同布谷报春,又似战鼓催征。优美的说话技巧使迷惘者得以清醒,沉沦者为之振作,徘徊者更加坚定,观望者毅然奋起,先进者更策马飞奔。许多人在说话时,褒贬适度,发人深思,妙语惊人,情感与之同步激荡。

说话是以语言点燃人的心灵火花的高超艺术。当然,这种高超的语言技艺和功底,不是一朝一夕就能具备的,它需要积累,需要勤奋。功到自然成,只要肯钻研、投入,就一定能成为一个会说话的人。

10. 如何表达愤怒

有句古话说:"气血之怒不可有,理义之怒不可无。"就是说,不应当有个人意气之怒,但为大义真理而动的怒却是不可少的。理义之怒的积极作用,就在于它是一种具有强烈感情色彩的表达方式。它以愤怒的脸色、激昂的语调和严厉的措辞,来表达自己浓烈的爱憎、鲜明的态度和公正的立场,它有很强的刺激性和震撼力,能给对方施加积极的心理影响,产生威慑作用,进而迫使对方改变行为模式。因此其特有的交际价值是不应否定和忽略的,若运用得当,会收到特殊的交际效果。

(1)在敌我之间。

对于敌人的阴谋诡计、卑劣行径,敢于拍案而起,怒然痛斥,从感情上看是必然的,难免的;从策略上看有时又是必要的,有利的。

马寅初在重庆实验剧院曾做了个公开演讲,义愤喷涌,千古有名。马老说:"如今国难当头,人民大众是有钱的出钱,有力的出力,浴血奋战;但是那些豪门权贵,却趁机大发国难财。前方吃紧,后方紧吃;前方流血抗战,后方平和满贯。真是天良丧尽,丧尽天良! 英国有句俗话:一个人站起来要像一个人,而今天,有的却是人不像人,鬼不像鬼! 他们利用国难,把自己养得肥肥的。要抗战,便要这帮人拿出钱来!"马老提出要向蒋宋孔陈四大家族征收战时财产税的问题。这一倡议,博得听众雷鸣般的掌声。

有人说:"没有愤怒的人生是一种残缺。"当尊严被践踏,信仰被玷污,家园被侵占,同胞遭残害时,还不发怒,那还是人吗?

(2)在战友同事之间。

同事间,当一方思想堕落,陷入泥潭不能自拔时,对他施以尖锐刻薄的批评

之言,要比轻描淡写的柔和之说有更大的挽救力。电影《高山下的花环》中有这样一幕:

赵蒙生多方活动,在部队即将赴前线时收到调令。对此,一向敦实厚道的梁三喜震怒了,他斥责道:"滚蛋,你给我赶快滚蛋! 养兵千日,用兵一时,军人,你不会不知道你穿着军装! 现在,你正处在一道坎上,上前一步还好说,后退一步你是啥? 有的是词,你自己去想!"

三喜的批评,也许有点粗暴,但正是这种方式才使赵蒙生尚未泯灭的良知震颤了,使他从迷雾中挣脱出来。一通"怒炮"挽救了一个战友,减少了一个逃兵。可见尖锐的批评在关键时刻的激发力量。

理义之怒具有一定的积极作用是毋庸置疑的,但是,这种积极作用的发挥又是有条件的。

首先,良好的动机是理义之怒的基础。理义之怒不但表现出对邪恶的憎恨,而且还包含了对同志亲友深厚的爱。对后者而言,由于出发点是善意的,是为对方好,所以,尽管火气很大,不留情面,但对方能体会并理解其善意和用心,不但不会影响关系,反而有助于解决矛盾,密切关系。

与之相反的"气血之怒",则是以私利为出发点,要么是为了保全个人面子而发火,要么是因为私利受到损失动怒,或者为整人、压人,给人闹难堪而申斥,动机是恶意的,其结果会招致他人"敌意"。简言之,理义之怒是焊接彼此思想感情的火花;而"气血之怒"则是焚烧友谊,影响关系的烈焰。

其次,善于用理智加以控制,是理义之怒的关键。义愤之言毕竟是情绪激动状态下的即兴之变,如果不善于控制,任其发泄,就会走向反面。罗马的文艺理论家郎加纳斯说:"那巨大的激烈情感如果没有理智的控制,而任盲目、轻率的冲动所操纵,那就会像一只没了压舱石而漂流不定的船那样陷入危险。"

因此,具有积极作用的怒言,表现出极大的理智上的克制。这种克制体现在:一是发怒的状态要适度。不可"怒发冲冠",不能"怒不可遏",而应"怒不失态",恰到好处。二是怒言谈吐有分寸。盛怒之下,语调难免高昂,但不要挖苦揭短,侮辱人格。三是时机把握恰当。"怒"到一定程度,就要适时地消火降温,转换口气,缓和气氛,不能"得理不让人",一怒到底。如果任怒火放纵,一怒而不可收,即使你的动机再好,恐怕也难免把事情搞糟。

怒言谈吐最根本的还在于言之有理。人们发怒,说到底是为了表达自己的某种思想感情,影响对方的言行。但是,要达到目的,仅有"怒言"不行,还必须善于讲理,只有道理讲到点子上,人家才能心悦诚服。怒言说理不同于正常状态下的条分缕析,慢慢道来,它的特点是,抓住要害,短兵相接,入木三分。使人

让孩子一开口就招人喜欢

闻之震颤,思之有理,"以威助理,以理攻心",是怒言服人的特色。

11. 温和说话

一句话能把人说笑,也能把人说跳。能把人说笑的语言,通常是温和甜美的。古往今来,"和气待人","和颜悦色",被视为一种美德。《礼记·仪礼·少礼》说:"言语之美,穆穆皇皇。""穆穆",指"敬之和";"皇皇",指"正之美"。《汉书·刘向传》说:"和气致祥,乖气致异。"温和表现为:"说话语气亲切,语调柔和,语言含蓄,措辞委婉,说理自然。"这种说法,易于使对方感到亲切、愉悦。

温和可以弘扬男性的文雅大度和女性的阴柔之美。尤其是在抒发情感时,因为温和的说话使用的是和声细气的音素,所以它具有一种迷人的魅力。由于语音学中音素、音位的原理和人们说话时用声用气的心理状态及规律的不同,和声细气,这种声和气宛如柔和的月光和涓涓的细流,由人的心底流出,轻松自然,和蔼亲切,不紧不慢,能给听者以舒适、安逸、细腻、亲密、友好、温馨的感觉。温和地说话的男人,为人必定厚道、宽容、襟怀开阔;温和地说话的女人,为人必定温柔、善良、善解人意。

林肯当选美国总统,他对政敌的态度引起了一位官员的不满。这位官员批评林肯不应该试图跟那些人做朋友,而应该消灭他们。"当他们变成我的朋友时,"林肯十分温和地说,"难道我不是在消灭我的敌人吗?"

在南北战争时期,林肯到前线去视察联邦军队的防线,陪同他去巡视的是副官霍尔姆斯上尉。林肯爬到战壕上面仔细观察敌军阵地,这时敌军突然射来一梭子子弹,这可急坏了霍尔姆斯。他连忙抓住总统的手臂,把他拖下战壕,对他大声吼道:"快下来,你这个蠢猪!"上尉自知失言而冒犯了总统,心中猜想肯定会受到纪律处分。但林肯却在分手时,温和地对他说道:"再见,霍尔姆斯上尉,我感谢你救了我,这使我感到十分欣慰。"霍尔姆斯听了如释重负。

德国社会民主党议员菲立蒲在议会演讲中,受到其他党派的联合攻击,他也以温和的语言化解了危机。当时他们骂菲立蒲:"流氓,反动派的走狗,闭嘴,滚回去!"但是菲立蒲语气平和地回答说:"谢谢大家的指点,再过30分钟我就要走了。为了填肚子啊!"瞬间爆发出哄堂大笑。

12. 和蔼亲切

在我们日常交际场合,最受欢迎的是和蔼亲切的说话态度。美国最大的电话公司——贝尔电话公司,共有25万接线生,他们接线时态度和蔼,声音清楚,语气亲切,个个都彬彬有礼。该公司从成立那天开始,就注意了电话上的语调问题。当时的接线生是十几岁、二十几岁的小伙子,说起话来粗声大气,令人受不了,后来把他们换了,改为年轻的姑娘们来担任接线工作,并提出"带着微笑的声音去接电话"的要求,深受广大电话用户的欢迎。

"带着微笑的声音"谁都爱听,这是一种在交际场合最容易获得成功的语调。周总理十分擅长使用这种语调,美国前总统尼克松在其回忆录《周总理——伟大的中国革命家》中这样写道:

在我们所有的会谈中,周总理总是镇定自若,与赫鲁晓夫的滑稽可笑和勃列日涅夫的矫揉造作恰成鲜明的对比。他从来不提高讲话的调门,不敲桌子,也不以中止谈判相威胁来迫使对方让步。1976年我重访中国时,特意向周夫人谈到她的丈夫给我最突出的印象:他总是那样坚定不移而又彬彬有礼;他在成功把握较大的时候,说话的声音反而更加柔和了。周总理的沉着冷静,我认为主要归功于他所受的教育和他的经历,但也反映出他那伟大的人格。

中、美双方的谈判是一场严峻的政治斗争,尚且可以用"不提高讲话的调门"的"柔和"声音来进行,那么,我们的日常交际活动何尝不能这样做呢?

13. 柔和轻语

当遇上有人无理取闹,你不必过分冲动,更不要破口大骂,理智的态度和委婉的谈吐,能帮你转危为安、战胜对手。有这样一个例子:

一位戴花帽的姑娘在街头碰到几个小伙子,其中一位竟伸手摘下了姑娘的帽子。面对挑衅,姑娘又恼又怒又紧张,但她马上冷静下来,彬彬有礼地说:"我的帽子挺漂亮,是吗?""当然,它和你这个人一样,真美。"男青年说。姑娘温柔地说:"你一定是想仔细看看,好给你的女朋友买一顶吧?我想你绝不是那种随意戏弄人的人。"她话里有话,温和中深藏开导,委婉中包含锋芒。"当然。"青年有几分尴尬,不由自主地归还了花帽,一场可能发生的纠纷就这样被制止了。

从中我们不但看到了姑娘的机智,而且对她的说话技巧留下了印象。我们看到,自始至终姑娘没说一句强硬的话,而是用含有"潜台词"的柔和软语,巧于应对,成功地激发了对方的自尊、自爱心理。她用冷静举止、柔言软语塑造了一个见多识广、不容侵犯的强者的形象,使对方不敢轻举妄动。从这里可以领略到,温和语言具有"柔中寓刚"的独特威力。

95

14. 遇事冷静

说话不论采取何种方式,最重要的是控制自己的情绪。君子一言,驷马难追。而情绪波动,激情喷发,往往如野马脱缰,黄河决堤,致使你说出一些不应说的话,做出一些不应做的举动,而后悔莫及。

成功人士从来不会做激情的俘虏,让感情牵着自己的鼻子走。他们善于在震惊、震怒、羞愤的一刹那冷静下来,审时度势,妙言应对,化险为夷。美国前国务卿基辛格是一位在自控方面了不起的人物。一次,他在德黑兰短暂停留。当晚,伊朗首相邀请他去看舞女帕莎表演。基辛格看得很专心,帕莎表演结束,他还与她闲侃了一阵。第二天,一名记者打趣基辛格:"你喜欢她吗?"基辛格很恼火,心想这帮好事之徒真是不放过任何一个细节。但是他表面上仍然一本正经地回答那位记者:"不错,她是位迷人的姑娘,而且对外交事务有浓厚的兴趣。"那记者很快就上圈套了:"真的吗?""那还有假?"基辛格回答说:"我们在一起讨论了限制战略武器会谈,我费了一些时间向她解释怎样把SS-7号导弹安装到U级潜艇上发射。"那位记者本想打听一些绯闻,没想到基辛格就这么平静地说了一通,从此再不打听了。

15. 大度处事

说话大度,是一个人内在气质的表现,是增强说话魅力的途径。不论是外交官那彬彬有礼的谈吐,还是政治家那稳重雄健的言论,都会让人仰慕不已,倾心无比,正如德国戏剧家莱辛所说的:"大度是美的特殊再现形式。"孔子说:"文质彬彬,然后君子。"说话洋洋洒洒、侃侃而谈是大度,只言片语、适时而发也是大度;谈笑风生、神采飞扬是大度,温文尔雅、含而不露也是大度;解疑答难、沉吟再三是大度,话题飞转、应对如流也是大度;轻声慢语、彬彬有礼是大度,慷慨陈词、英风豪气也是大度。

说话大度体现的是胸襟的大度。狄仁杰是武则天当政时的宰相,他曾当过豫州刺史,办事公平,执法严明。有一天,武则天对狄仁杰说:"听说你在豫州的时候,名声很好,政绩突出,但也有人揭你的短,你想知道是谁吗?"狄仁杰答道:"人家说我的不好,如果确是我的过错,我愿意改正,如果陛下已经弄清楚不是我的过错,这是我的幸运。至于是谁在背后说我的不是,我不想知道,因为这样大家可以相处得更好些。"武则天听了,觉得狄仁杰气量大,胸襟宽,为人大度,更加赏识他，敬重他，尊称他为"国老"，还赠给他紫袍色带，并亲自在袍上绣了12个金字，以表彰他的功绩。

谁人背后无人说，谁人背后不说人。对于他人的议论，如果太在意，那势必劳神伤身，于事无益。说话一副小家子气，现用现交，用不了多久，人们便会离你而去。就像有人说的："不图别的，跟大度的人说句话也觉得痛快！"

第六章　发挥"无声语言"的魅力

1. 体态语言的秘密

著名的美国心理学家威廉·詹姆斯曾写过这样一段话:动作好像是跟着感觉的,但在实际上动作和感觉是同时发生的,所以,我们直接用意志去纠正动作,也就是间接去纠正了感觉。例如:我们失掉了愉快,惟一的恢复方法,便是快活地坐或站起来,主动说话,愉快便好像已经和我们在一起了。如果办法还不能达到效果,那便不再有别的方法了。所以,当我们感到勇敢时,我们真的就会变得很勇敢了。用我们整个的意志去达到自己的目的,是使你的勇敢去代替惧怕的最好方法。不过,你必须先预备好一切动作,否则,恐怕将仍旧不易生效。假使你要讲一些什么,你已经充分想好后,就应该敏捷地走出来,不要惧怕,应该做半分钟的深呼吸,因为多吸一些氧气,可以增加不少勇气。你吸足了气,你便能支持住自己,勇敢地登上演讲台了。

体态是内心状态的外在表现,完全是因个人的情绪、感觉、兴趣而发生的,一个从内心所发出来的姿态,不知要比一千条规定所指示的好多少倍。

体态不是衣服,你可以根据你的欲望加以改变,它一定非由你的内心感觉,才可以表现出来。因为体态是内心的表现,所以你要训练它成为一个模型,那不但单调,而且是可笑的举动,有些人在说话声音越高越响的时候,常把两手高举着。真情愈流露,动作和姿态,也愈显得自然。有时因心情愉快,便不停地把两手在空中挥动,有时因心情悲苦,忍不住握着拳头,紧紧地靠在自己的胸前,而当愤怒的时候,更不免举拳猛击,但是这种动作和表现姿态,都是以自然和灵活为要素。

当然,许多演说家的姿态,仿佛是戏剧的小丑一样,十分古怪,十分可笑,但是它们都是于心灵中所发生的,那是内心的表现,无论是笨拙还是灵活,我们都不必去批判它们,只有一点,我们必须牢记,他们是否自己所创造。如果体态是内心自然流露,那我们尽可以不必加以注意吗? 决不是的! 为了我们要吸引听众,我们也必须注意体态,因为它是使说话讨人喜欢的一个助手。

2. 内涵更丰富的肢体语言

　　肢体语言是一种无声语言,它是一种比有声语言更能表现一个人的情感和个性欲望的语言。美国心理学家爱德华·柯尔在他的《肢体语言》一书中说:"肢体语言所显示的意义要比有声语言多得多,而且深刻很多。"

　　人类发出的语言信息,其中肢体语言占有较大比值。肢体语言比有声语言内涵更丰富,更具有多变性、多意性和联想性。肢体语言的符号就像一幅色彩斑斓的图画,人们常说每一个男人的心里都有一个林黛玉的形象,每一个女人的心里都有一个哈姆雷特的形象。这就是说,每个人在接触艺术符号的时候,都凭借着自己人生的经验去补充,去完善,去创造。到今天为止,学者们已发现并记录下了200万种非语言的信息。莫拉宾发现一个信息的传达是由7%的语言和38%的声音以及55%的非语言所组成的。戴维斯在《怎样识别肢体语言》一文中也得出了相似的结论:信息总效果 = 7%文字 + 38%声音 + 55%面部表情。因此英国学者莫里思认为,"人类从里到外还是'动物性的生物'——是一种以动作、手势、行动来表达和沟通的灵长类动物"。

　　从对方身体各部位的动作来了解人的思想感情,是了解和掌握说话要领的一种技巧。如:正襟危坐表示恭谨,手舞足蹈表示欢乐,振臂昂首表示慷慨激昂,点头哈腰表示谄媚。可以说,不使用动作的人是没有的,同时,动作也是调整体态平衡的一种需要,而且,还强化你抒发此地此时的感情。如:当孩子有错误时,母亲往往在说理时搂着孩子。这一动作充分体现了母爱的赤诚,从而也更容易感化孩子的心灵。

　　肢体语言有各种各样的表现,是比较复杂而微妙的,但不管如何,不是自然的动作,就是呆笨的动作。多年前,美国纽约市市政厅邀请瑞格去一个集会演说。事前由当地一位不善言辞也不注重体态表情的秘书明威尔作开场白。明威尔由于结结巴巴,使听者的反应从一开始就不大热烈。更糟的是明威尔开始慌乱起来,他的腿不停地改变姿势,从分立变成交叉,甚至将脚尖微微相对,引起前排妇女的阵阵笑声,他赶忙将手抽出来,环抱着,听众又是一阵骚动,结果,这种拙劣的表演把在场的听众的兴致全部打消了。

　　良好的体态,首先要给人一个精神饱满的印象,弯腰驼背的模样,不仅给人一种颓丧感,而且对说话也不利。目前,西方学者提出演讲者的姿势,强调头抬得高些,背挺得直,眼光注视观众,这种体态,不但充满活力,而且使你的话语带有权威性,因为这种体态显示了一种自信和坚定。当然,也有人出于策略需要,故意装出颓丧不振的样子,以尽量打消对方听话的兴趣。在某种情况下,这也是一种技巧。美国著名律师达罗,有时会在他的对手向陪审团提出证据时耍点小花招,他乱动乱摆,甚至让手中的雪茄烟灰逐渐增长,直到人们的眼睛望着他,直到手中烟灰落下来,使对手说不下去。

3. 肢体语言的类型

每个人说话时都有自己独特的肢体语言风格,但都不外乎3种类型,即情感型、示意型、陈述型。这3种肢体语言类型在具体运用中互相协调、互相联系。

（1）情感型。

这是表示思想感情机能的身体语言,它分为两种:第一种是不欢迎的意思。比如,有两个人在一块儿说话,你也走过去和他们在一起,如果他们只是很平淡地看了你一眼,那就说明他们对你的到来不感兴趣,你最好主动离开。第二种是欢迎的意思。比如两个人坐在桌旁,他们的姿势很自然地互相对称,这表明其中一人对另一人十分感兴趣。

另外,有时几个人在一起组合成一个势力圈,而对圈内的人来说,则是一个整体。这说明情感型肢体语言具有对立统一的特点。

（2）示意型。

肢体语言是可以用语言表达意思的语言。如迎接客人时"请"的姿势就是典型。这种肢体语言在身体各个部位都有所表现。例如腿部:你在酒吧等人,但等了很久都没有人来,这时你的腿开始抖动,甚至还出现频频顿足的动作,而头部也频繁地朝门口扭动,眼睛不时地往来人的方向张望或看手表,这一系列姿态,就把你焦躁不安的心态暴露无遗。

还有腰部。弯腰是表示某种"谦逊"或"尊敬"的态度。经常挺直腰板站立、行走或坐下的人,表示其较强的自信心和自制力,也可能表示其性格过于古板。

其他部位都有不少这类肢体语言。挺起胸部,手臂抬高交叉脑后,表示自信、有把握或有优越感;挺起腹部,意在扩大自己的势力范围或威慑对方。反之,抑腹蜷缩则表现出不安、消沉和沮丧。

（3）陈述型。

这是对语言表达的思想内容进行补充和说明的肢体语言类型。首先,它有助于增强反馈效应。例如美国人交谈时,头部的动作很频繁。如果想等待答复,他总是动头,每次说完话后也是动头,意思是说自己的话完了,请对方接着说。如果自己以陈述语气继续讲话,那么他就不会动头,并且保持同样的语调。

其次,陈述型肢体语言有助于强化语意。例如一个人面对一群人演讲,当讲到特别重要的内容时,便不由自主地站立起来,甚至上身还向听众倾斜,目的是要强调所讲内容的重要性。

另外,陈述型肢体语言还有助于提高听众的理解,有助于你说话顺利流畅,有助于提醒听众的注意。所以说,陈述型肢体语言是善于言谈者的拿手本领。

4. 肢体语言的特性

弗洛伊德曾经说过:"所有凡人掩盖不了自己,如果他口唇静止,手指在轻轻击节,则秘密就会从他的每个毛孔中流溢出来。"这不奇怪,这正是肢体语言本身的特性所决定的。

肢体语言的特性有下面3点:

(1)连续性。

只要两人在一起,不管你是正襟危坐,还是手舞足蹈,都在传递着信息,整个过程是连续不断、不可分割的。这与语言信息交流一旦话说完了,文章写完了,过程也就结束了的"分离性"是不同的。

(2)互动性。

语言信息的传递只经过一个通道,比如听话只能逐字逐句地听,读文章也有个前后的顺序。而肢体语言信息则可以"多通道"互动,比如:一个人坐着思考问题时,一手托着腮帮、一手轻敲桌面、双脚踝交叠就是生动的例子。

(3)可靠性。

人们对语言信息的操纵总是自觉的,这也就难免产生虚假,肢体语言大多是在无意识状态中说话的,因而传递的信息就较为可靠些。

5. 肢体语言的功能

电影表演大师卓别林早年出演的无声电影之所以在全世界受到广泛的欢迎,就在于卓别林准确夸张的肢体语言的配合。这种配合显示了肢体语言的强大功能。

肢体语言在人与人之间传达出"无言的沟通",它的功能有以下4点:

(1)替代功能。

《晋书·阮籍传》记载,魏晋时代被誉为"竹林七贤"之一的阮籍善为青白眼。所谓"青",就是黑的意思。"青眼"即人喜悦时眼睛正视,黑珠在中间,是相对于"白眼"(眼睛向上或向旁,现出白眼)而言的。阮籍常用"青眼"表示赞许和喜悦;用"白眼"表示厌恶和蔑视。他见到雅士,便作"青眼";见到俗人,即以"白眼"对之。阮籍居丧期间,嵇喜前往吊唁,他白眼冷对,嵇喜十分难堪,只好不怿而退。嵇喜的弟弟嵇康听说后,便提着个大酒壶,挟着把琴也来吊丧,阮籍立即投之以青眼,表示欢迎。今天我们常用的"青睐"、"垂青"等词,也就是由此而来。心理学家阿盖尔认为,诸如承认、爱欲、挑衅、拒绝、寻衅、优越感、屈从、谦恭、满足、妥协、害怕、悲伤、欢乐、痛苦、哀愁等情绪,通常都可以由肢体语言直接替代。

(2)表露功能。

有时,千言万语难以表达的思想感情,或一时说不出口的心底的话,采用肢体语言巧妙地加以表露,就容易使对方心领神会。

(3)辅助功能。

在社交场合讲话要生动有力,给人以深刻印象,那更是少不了肢体语言来辅助。辅助手段如果运用得当,可以加强语势,并能取得较好的信息沟通效果。

(4)调节功能。

有人来访,你正在忙这忙那,当对方还在滔滔不绝地漫谈时,你会用看看手表或坐立不安等的肢体语言,来暗示对方"废话少说,无事快走"。当教师讲解不清时,学生的脸上会出现困惑不解的神色,有的可能摇头以示不悦,这时许多教师会及时理解学生向自己发来的调节信号,并迅速做出积极反应。

肢体语言的上述4种功能,显露了不可低估的"无言的沟通"之意义。如果一个人不会正确破译肢体语言,不善于发挥它在人际交往与沟通中的作用,那就可以说他成功的大门还没有真正打开。

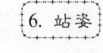

6. 站姿

一个人的站姿要显得健康、自信。标准的人体站姿应该是:抬头,两眼平视前方,嘴唇微闭,面带微笑,下颌微收;放松双肩,稍向下压;挺胸、收腹、立腰;双臂自然下垂于身体两侧,双腿直立,膝和脚后跟要靠紧。一个人站立时不良的姿态表现为:身体僵直,胸部外凸,板腰;垂肩,脊柱后凸,腹部鼓起;胸部下凹及垂肩,脊柱侧凸。此外,缩头探脑,佝偻双肩,双腿弯曲颤抖等,这些站姿都会给人留下不良印象。不良站姿无法显示出一个人的朝气及活力。

无论男性还是女性,站立姿势表现出挺、直、高,那他(她)便是具有了基本的美感。就男性来说,站立时身体各主要部位要舒展。头不下垂,颈不扭曲,肩不耸,胸不含,背不驼,髋、膝不弯,这样他就做到了"挺"。站立时脊柱与地面保持垂直,在颈、胸、腰等处保持正常的生理弯曲,颈、腰、背后肌群保持一定紧张度,这样他就做到了"直"。站立时身体重心提高,并且重点放在两腿中间,这样他就做到了"高"。就女性来说,站立时头部微低,显示了她的温柔之美;挺胸,不仅使她显得朝气蓬勃,而且让人觉得她是个自信的人;腹部微收,臀部放松后突,表示她很在意女性曲线美。

在社交场所和任何人群集合的地方,人们三个一群两个一伙地站着谈话,其站姿各种各样。相对站立,这是两个人谈话时常采用的姿态,其中包括两种含义:一是亲密友好,一是彼此发生争吵。又有双人八字形站姿,表明欢迎别人加入。还有多人并肩站姿,说明几个人受到一约束力。

站立时,对方手臂的姿势也值得琢磨:手臂下垂时,表示他此刻的心理处于松弛状态,心态比较自然;手臂张开时,表示出欢迎和拥抱的姿态;手臂交叉时,既表现一种防卫心理,又具有一定的掩饰作用。即便是颇有声望的政界要人,或社会名声显赫的人物,在与陌生人打交道时,都会程度不一地采用这种姿势。用手握臂时,表示一种自制。有的人置身陌生人当中,为了掩饰不安的心情和缺乏自信心理,会采取这种姿态。手臂上举时,要么表示胜利,要么表示投降,要么表示敬礼、挥手、招手等特定的含义。

7. 坐姿

正确的坐姿一方面在说话时给人以端庄、稳重的印象,使人产生信任感。另一方面,它也给交谈带来方便。坐姿本身就可以向对方传递信息,因此应作为一种交谈手段加以注意。

为了促进交谈,坐椅子时可稍前坐一点,身体前倾,采取这样的姿势,便于将身体前后摇动,以对对方的谈话内容表示肯定,同时还可以促使对方做决定。如果背部靠在沙发上,则给人以傲慢的印象,同时身体后仰,会使下巴突出,这样容易暴露自己的想法,被对方掌握主动权。

交谈时可以采取稍微侧身的姿势,这种面向对方的侧身坐姿,会产生一种易于接近的作用。

正确的坐姿是:入座时要轻要稳。走到座位前,转身后,轻稳地坐下。

人的正常坐姿,在其身体背后没有任何依靠时,上身应正直而稍向前倾,头平正,两臂贴身自然下垂,两手随意放在自己腿上,两腿间距和肩宽大致相等,两脚自然着地。背后有依靠时,在正式社交场合,也不能随意地把头向后仰靠,显出很懒散的样子。

8. 步态

人们行走的姿态——步态——是千姿百态、变化万端的,比如有消磨时间的散步、无精打采的慢步、大摇大摆的阔步、闲庭自得时的信步、节奏均匀的慢跑、风驰电掣的疾奔、老态龙钟的蹒跚、犹豫不决的徘徊、偷偷摸摸的蹑行、摇摇摆摆的跛行、姿态优雅的滑行、兴高采烈的蹦跳、心焦气躁的急走、故作姿态的扭摆、夸张行进的正步、急促小奔的碎步,等等。这些移动身体的步态,每个人在日常生活中都会用到其中某些部分。

每个人具有独特的走路姿势,能使他的熟人一眼认出来,至少有一些特征,是因为身体的结构而有所不同,但是步法、跨步的大小和姿势,似乎是随着情绪而改变的。假如一个人心情愉快,他会走得比较快、脚步也轻快;反之,他的双肩会下垂,走起路来好像穿着铅底的鞋子一般。走路快且双臂自在摆动的人,往往有坚定的目标而准备积极地加以追求;习惯双手半插在口袋中,即使天气暖和时也不例外的人,喜欢挑战而颇具神秘感,通常他善于扮演"魔鬼的拥护者"的角色,因为他喜欢贬低别人。

一个自满甚至傲慢的人走路时,他的下巴通常会抬起,手臂夸张地摆,腿是僵直的,步伐是沉重而迟缓的,似是有意加深别人对他的印象。一个人在沮丧时,往往拖着步子将两手插入口袋中,很少抬头注意到自己往何处走。一个人在这种心情下,走到井边,说不定会朝里边望一望,借以转移目标,暂时忘记烦恼。走路时双手叉腰的人,看起来像个短跑者,往往他想在最快的时间内跑最短的距离,以达到自己的目标。他突然爆发的精力,常是在他计划下一步决定性的行动时看似沉寂的一段时间内所产生的。

正确的步态表现出一个人朝气蓬勃、积极向上的精神状态,呈现出一种健美的姿态,行走出一阵疾风,给人留下美好的印象。

9. 手势

人的肢体语言中,手势是十分突出的。演讲、教学、谈判、辩论乃至日常交谈,都离不开手势,因此有人说手势是第二唇舌。

此外,在让座、握手、传递物件、表示默契,以及在谈话进行中,手势能借以加强我们语言的力量,丰富我们语言的色调。所以说,手势是一种独立有效的语言。

(1)手势的类型。

手势从动作上可以分为两大类:

①力量型。

这类手势一般使用整个手掌,有时还包括手臂,具体来说,有这样几种情况:

晃动食指:食指伸出,手掌紧握,并大幅度地晃动,这是一种具有很大威胁性的手势。振臂:五指紧握拳头并摇动手臂,向上或向前摇动,主要用来表达强烈的要求。压掌:掌心向下,并猛烈下压,这是表示抑制或压制的手势,能给人一种强制性的感觉。推掌:掌心向外,用力推出,主要用来表示拒绝之意。伸掌:双手掌心向上,向胸前或向腰部的两侧伸出手掌,主要用来表示真诚。抱掌:两手掌心朝向自己的前胸,好像是在拥抱,主要用来表示抒发得到被肯定的心情。切掌:伸直手掌像刀一样上下斩切,主要用来表示果断的决定。

②细腻型。

这是指手指的指尖或某一个手指,构成仿佛在拿一件小东西并力求要准确地操纵它的形态,主要表示要人们对某一事情做谨慎细致的考虑。

(2)手势的作用。

说话时巧妙地运用手势,有显而易见的作用:手势语言使所说的话给人以立体感、形象感,帮助对方理解所说的内容。手势语言能强化感情,激起对方共鸣。手势语言还能传达微妙感情,同时提醒自己及时调整表达内容或表达方式。手势能增加说话的魅力,突出自己的个性。手势语言在运用时需注意如下几点:手势的运用恰到好处才会发挥其作用。手势并不是在任何场合、面对任何对象都有作用。尤其是在比较庄重的场合,用手势表情达意,应是无意识的,否则会给人做作的感觉。手势要协调,不能说东指西,令人无所适从。

哇啦乱叫不是说话,乱挥乱舞不是手势。不自然的手势,会招致许多人的反感,造成交际的障碍。

(3)手势的特点。

手势有如下3个特点:

①能代笔描绘形象。

人们在日常生活中常常用手表示物体的大小、高矮、长短等。戏剧中手势更多,开门、关门、骑马、上车,都可以通过手势表现出来。

②能传达强烈的感情。

手势可以表示强调，如：欢乐时手舞足蹈；愤怒时紧握拳头；懊悔时拍腿顿足；勇敢时拍胸而应；痛苦时捶胸顿足；失望时双手捂脸。有的手势令人远远地感到他的热情和欢喜；有的手势却轻率得像个阿飞；有的手势漫不经心；有的手势使人觉得洋洋自得；有的手势告诉你他非常非常之忙，正要赶着办一件紧急的事情；有的手势又告诉你他有要紧的事情要向你谈，请你等一等。

③能指示方位或借代事物。

问路时，人们常用手指指示方向；在人群中寻找某人时亦用手指。另外，手势可代替数目，中国人吃酒划拳的手势就是以指代数。

（4）手势表达的方式。

说话时，人们用手势来表达态度的方式主要有：用手遮住额头，表示害羞、困惑、为难；用手搔头，表示尴尬、为难、不好意思；双手相搓，说明陷入为难或急躁状态之中；双手摊开，表示真诚、坦然或无可奈何；双手叉腰，说明对方在挑战、示威或感到自豪；双手插在口袋里，表明内心紧张，对将要发生的事没有把握；双手抱在胸前，表明胸有成竹，对将要发生的事有思想准备；交谈中用手指做小幅度的动作，表明其对提议不感兴趣、不耐烦或持反对态度。

心情处于焦虑不安时，一些人习惯将一只手放在桌上或沙发扶手上，不停地轻弹手指，一些人则习惯用手指搓捻纸条或烟蒂，有些年轻女性则喜欢用手绞手绢。面临某一选择而处于犹豫不决或不知所措的心理状态时，一些人会不知不觉地用手搔脖子，一些人则会用手搔后脑勺。当人们对某件事情充满渴望和期待的心理时，常常会情不自禁地摩拳擦掌。

手势是一种无声的语言，如：在表示亲密时热情握手；分别时挥手相向；熟人见面招手示意；紧握拳头表示信心和力量；摆手则是谢绝；学生举手发言是礼貌之举；胜利时则拍手欢呼等等。

（5）握手技巧。

握手在现代社交中非常普遍，除了传统的表示友好和亲近外，还表示见面时的寒暄，告辞时的道别，以及对他人的感谢或祝贺、慰问等等。握手不仅是中国人最为常用的一种见面礼和告别礼，而且在涉外交往中也普遍适用。

握手的技巧比一般礼节性要求的内容更丰富、细腻。紧紧相握、用力较重是热情诚恳，或有所期待的表示；力度均匀适中，说明情绪稳定。握手既轻且时间短，认为是冷淡不热情的表示；握手时拇指向下弯，又不把另外四指伸直，则说明不愿让对方完全握住自己的手，是对对方的一种藐视。用两只手握住对方的一只手，并左右轻轻摇动，是热情、欢迎、感激的表现；反之，刚触到对方的手

让孩子一开口就招人喜欢

掌便立即放开,是冷淡和不愿合作的反应。

握手时手指微向内曲,掌心稍呈凹陷,是诚恳、亲切的表示。握手之时,掌心朝下显得傲慢,掌心朝上则显得谦恭,而伸出双手去捧接对方的手那更是谦恭备至了。

握手时还要讲究先后次序。握手次序要依据双方所处的社会地位、身份、性别和各种条件来确定。一般来说,长辈在先,上司在先,主人在先,女士在先。客人、男士、下级、晚辈,应该先问候对方,见对方伸出手后,立即与之相握。在上级、长辈面前不可贸然伸手。如果对方人多,应该先上级,后下级;先长辈,后晚辈;先主人,后客人;先女士,后男士。

握手还可以表示感谢、祝贺、鼓励、慰问之意。矛盾和解了,有时也多习惯以握手为礼。

10. 服饰语言,先入为主

口才是内在修养、有声语言和体态语言的综合。其中的服饰会首先作用于人的视觉并给人以印象。初见面时的第一印象往往十分重要。而人们在第一眼中,首先引起他注意的往往是服装和仪表。交往中要给人留有一个好的形象,首先要注意服装仪表给人留下先入为主的第一感觉。

对服装和仪表最起码的要求,就是要干净、端庄、整齐,给人以清爽、精神的感觉,使人看了比较舒服。

服装和仪表,不仅仅是一个外在形象的问题,也是一个人内在涵养的表现和反映。良好的形象是外表得体和内涵丰富的统一。

一个穿着整洁、大方的人,会使对方一眼看去就会觉得:"这人看上去蛮舒服的,肯定可靠可信。"别人就容易接受你、喜欢你。

对于服装仪表的最基本要求是:

头发要给人清爽感;检查有无眼屎;确认鼻毛是否太长并将其整理好;耳朵要保持干净;早晚务必要刷牙;胡子无论是浓密或稀疏,都应每天刮;可能的话最好每天换衬衫;上衣纽扣要扣好;西装要准备三五件,至少每星期要换一次;尽量不把杂物、打火机等放入口袋,以免衣服变形;指甲是否太长、太脏;裤子必须烫得笔直;准备两双鞋子轮流穿,且每天保持干净光亮,式样尽量朴素。

11. 保持微笑

每种微笑,都有它的内在含义。在人际关系中,微笑的形式和内涵多种多样,产生的效应也各有不同。较常见的有以下几种类型:

(1)娇妩爱慕型。

它表现在向对方嫣然一笑。这种笑态的特点是:双眸柔和,带思慕的神态,用闪电式的眼神向对方一瞥,唇齿略露,无声。这种笑态,常见于一些少女在她所心爱男子面前的一种示爱形式。

(2)婉转谢绝型。

板起脸来拒绝别人的请求,容易使对方产生反感,不易接受;如果边摇头边带笑容来暗示谢绝,那么就使对方口服心服,容易接受,其效果必佳。

(3)喜悦欢迎型。

人们在接见宾客时,往往与客人边握手,边微笑,这种微笑代表着"欢迎您光临"之意,使客人感到温暖、有礼。

(4)缓和气氛型。

有时,在某种场合,因一人被另一人讥讽,使气氛紧张,而善于社交的人却用笑容做游戏,转移视线,从而缓和了气氛,解除了僵局。

(5)招往顾客型。

有不少商店营业员,由于讲究文明礼貌,在顾客面前,用微笑的态度表示欢迎光顾,以此温暖顾客心,刺激顾客的购买欲。

(6)示意道歉型。

在公共场所,因不小心撞了别人或踩了别人的脚,便立即向对方道歉说声"对不起",脸带笑容。这时,对方也能谅解,接受你的歉意。

(7)当众鄙视型。

比方在众人面前,有人议论某人的行为不端,有人虽不参与发言,但也采用哈哈有声的讥笑,表示鄙视。这种讥笑,将会引起人们心理共鸣,比不了解情况而随便发言的效果好得多。

12. 微笑的内涵

达·芬奇的杰作《蒙娜丽莎》是文艺复兴时期最杰出的肖像画之一,这幅肖像最重要的是蒙娜丽莎的微笑。有人称其为谜一般的微笑,神秘的微笑,魅惑的微笑,光辉的微笑,沉思的微笑。可见,微笑的内涵十分丰富。

具体地说,微笑表示的内涵有:

(1)一个人即使在遇到极严重的危险或困难的时候,也仍然微笑着,好像若无其事,这种微笑充满着自信,充满着力量。好像有一种超凡的魔力,像阳光一样,可以驱散阴云,驱散黑暗,把许多令人阴郁、沮丧、恐惧、苦恼的情绪一扫而光。

(2)一个懂礼貌的人,微笑之花开在他的脸上,永不消失。对认识的人或陌生人,他都将微笑当做礼物,慷慨地、温暖地,像春风一样,像春雨一样奉献,使人们感到亲切、愉快。

(3)能够与别人相处得好的人,最能保持经常的微笑。他在别人的面前,固然是笑容满面,和蔼可亲,当他独自一人的时候,他想起这个人也会微笑。他觉得人人待他很好,他觉得人人都可爱,他觉得人人都相信他,喜爱他。

(4)巴金在《家》中描写梅死了丈夫,回到省城,来到高公馆,与众表兄妹相见时,脸上露出了一丝微笑,这是一种凄凉的微笑,是无可奈何的微笑,是忧郁的微笑。就像阴天的太阳,偶然从云朵缝中,露出一丝淡淡的笑容,一转眼就消逝了。

(5)一个心理健康的人能真诚地微笑,使美好的情绪、愉快的思想和温暖的情怀以及善良的心地,水乳般地交融在一起。发出真诚微笑的人,表现出对别人的尊重、同情、体谅并乐意帮助人,他也愿意分担他人的忧伤,减轻他人的痛苦,同时,也与人分享快乐。

微笑是一种高雅气质。善于微笑的人通常是快乐且有安全感的,也常能使人感到愉快,是成熟人格的象征。

微笑之所以动人,之所以令人愉快,在于这种表情能传递、表达可喜的信息和美好的感情。微笑总是给人们带来友好和热情,带来欢乐和幸福,带来精神上的满足。

有个叫威廉·史坦哈的人,在谈他的交际经验时说:"我是一个闷闷不乐的人,结婚18年来,我很少对我太太微笑。后来,有人鼓励我微笑,我答应试试。于是,第二天早起,我跟太太打招呼:'早上好,亲爱的。'同时对她微笑时,她怔住了,惊诧不已。我说:'从此以后我的微笑将成为寻常的事,不用惊愕。'结果这竟改变了我的生活,一改过去闷闷不乐的状态,在家中我得到了幸福温暖。现在,我对每个人都微笑,他们也对我报以微笑。我可以带着轻松愉悦的心情去同一些满腹牢骚的人交谈,一面微笑,一面恭听。原来棘手的问题,现在也变得容易解决了。这就是微笑给我带来的许多方便和更多的收入。微笑使我快

让孩子一开口就招人喜欢

乐、富有、拥有友谊和幸福。而不会微笑的人在生活中将处处感到困难和不方便。"

日本著名电影演员山口百惠给世界观众留下深刻印象,在她息影多年后仍有大量的影迷想念她,渴望她复出。山口百惠能够得到如此高的声誉当然与她卓越的演技分不开,但是也不能否认她那天真无邪、可爱动人的微笑以及笑时流露的两颗虎牙所具有的摄人魂魄的魅力,令无数观众醉心于她的表演。

微笑应该发自心底深处,足以温暖别人的心,使冰雪为之融化。没有诚意的微笑不但不能打动人,反而令人生厌。在才智不相上下的人群中,你拥有更多的微笑,成功便在更大程度上属于你。

笑口常开是社交的真谛,是让别人喜欢你的秘诀。纽约一家百货公司经理曾说过,在录用女店员时,高中毕业却经常微笑的女子,比大学毕业而面若冰霜的女子录用的机会更大。世界著名的希尔顿饭店的创始人康拉德·希尔顿也说:"如果我们的旅馆只是一流的设备,而没有一流微笑的服务的话,那就像一家永不见温暖阳光的旅馆,又有何情趣可言呢?"从这个意义上说,微笑是一种无价之宝,没有微笑就没有财富。

13. 通过眼神表达内心情感

语言表情中最重要的是眼神。黑格尔在《美学》中说:"不但是身体的形状、面容、姿态和姿势,就是行动和事迹,语言和声音以及它们在不同生活情况中的千变万化,全部要由艺术化成眼睛,人们从这眼睛里就可以认识到内在的无限的自由的心灵。"

"双目炯炯有神"这句话是人们用来描述一个人精力旺盛、机敏干练的,从这句话可以发现"眼"与"神"之间的联系。眼睛里流露出来的光彩,人们即称之为眼神。眼神是人际交往中最能传神的非语言交往。人的眼神是通过眼睛的开闭张合,眼球的运动,瞳孔的舒缩,视线的变化以及眉毛的配合表现出来的。眼神有热情友好的、含情脉脉的、严厉苛刻的、慈祥的、和蔼的、凶恶的、胆怯的、坚定的、蔑视的等等多种类型。

眼神可以向外界传达多种信息。表示爱慕时,双目传情;表示挑衅时,目不转睛;表示接纳时,目光平和。眼神还可传达命令、请求、劝诫及安慰等丰富的内容。

14. 眼神的动作

　　俗话中骂人常说："滴溜溜的眼睛,四处转动;贼溜溜的眼睛,东张西望。"滴溜溜的眼睛,贼溜溜的眼睛,分别是女人和男人最不好的眼语。滴溜溜,表现了女人的轻浮;贼溜溜,表现了男人的狡诈。当一个女人对男人表示好感的时候,她的眼睛会说出嘴上不能说出的话,这就是睁大她充满活力的眼睛。当一个女人表示拒绝的时候,她就会用愤怒的眼神、轻蔑嘲笑的眼神来表示她嘴上不愿说出的情感。当一个女人用从上到下或者从下到上的眼光扫视一个人的时候,表示对对方的轻蔑和审视。

　　还有,如我们和上司打交道时,对其眼睛的观察,能够洞悉其内心的一切:上司从上往下看人,这是一种优越的表现——好支配人、高傲自负;上司说话时不抬头,不看人,这是一种不良的征兆——轻视下属,认为此人无能;上司久久地盯住下属看——他在等待更多的信息,他对下级的印象尚不完整;上司偶尔往上扫一眼,与下属的目光相遇后又向下看,如果多次这样做,可以肯定上司对这位下属还吃不准;上司友好和坦率地看着下属,或有时对下属眨眨眼,说明下属有能力、讨他喜欢,甚至工作中出现的错误也可以得到他的原谅;上司的目光锐利,表情不变,似利剑要把下属看穿,这是一种权力、冷漠无情和优越感的显示,同时也在向下属示意:你别想欺骗我,我能看透你的心思;上司向室外凝视着,不时微微点头,这是糟糕的信号,它表示上司要下属完全服从他,不管下属们说什么,想什么,他充耳不闻。

　　专家们的研究表明,有较高地位的人比地位低的人目光直接接触要少;而所有的人看地位较自己高的人次数和时间都较多。

15. 眼神的力量

　　诗人公木在《眼睛》中写道:"眼睛是心灵的窗口,不会隐瞒更不会说谎,愤怒飞溅火花,哀伤倾泻小雨,它给笑声镀一层明亮的闪光。"一双眼睛,那神态和动作的变化是足以令人惊叹不已的。在我们的语言中,表达"看"这一意思的词汇就异常丰富:看、望、瞧、瞅、溜、扫、视、观、览、相、盼、顾、张、觑、睃、眺、瞩、瞰、睬、瞟、瞪、盯、瞻、瞄、眈、窥、瞥、睹、眄、睁、眯、眨等等。

　　俄国文豪果戈理在其名著《死魂灵》中,有一段描写女人眼睛的神来之笔:"单是她们的眼睛就是一个无边无际的国土,倘有人错走了进去,那就完了! 钩

让孩子一开口就招人喜欢

也钩不回,风也刮不出……谁知道这样的眼神有多少种呢:刚的和柔的,朦朦胧胧的,或者如某些人所说的'酣畅的'眼神,而且还有并不酣畅,然而更加危险的——那就是简直抓住人的,好像用箭通了灵魂的一种;不成,找不出话来形容。"这种眼神所表达的感情,所拥有的力量,难道是语言本身能够代替的吗?

西班牙哲学家加塞特在其著作《人和人民》中,则把目光看成是从人的内心发出的百发百中的子弹,他认为眼窝、眼睑、虹膜和瞳孔组成了"一台包括舞台和演员在内的完整的戏"。于是,当一个人的眼神开始流露时,你务必要懂得,对方的这种眼神,不是无缘无故、随便表现出来的,而是在大脑的支配下,通过他的主观意识后才注入他的眼睛的,即他们的目光来自这样的渠道:首先是通过自己的眼睛看到对方是什么样的情况,然后表现出自己对对方的态度,同时又用眼睛捕捉对方对待自己的态度。

双方用眼睛交流相互的态度,这两种功能结合在一起后,就形成了我们所见到的眼神了。

让孩子一开口就招人喜欢

112

第七章　说服的语言艺术

1. 说服别人的步骤

有一次,卡耐基突然同时接到两家研习机构的演讲邀请函,一时之间,他无法决定接受哪家邀请。但在分别和两位负责人洽谈过后,他选择了后者。

在电话中,第一家机构的邀请者是这样说的:

"请先生不吝赐教,为本公司传授说话的技巧给中小企业管理者。由于我不太清楚您所讲演的内容为何,就请您自行斟酌吧。人数大概不超过 100 人……万事拜托了!"

卡耐基认为,这位邀请者说话时平淡无力,缺乏热忱。给人的感觉,便是一副为工作而工作的态度,让人感受不到丝毫的热情,也给他留下相当不好的印象。

此外,对方既没明确地提示卡耐基应该做什么,要做到什么程度,也没有清楚交代听讲人数,教他如何决定演讲内容呢? 对此,卡耐基自然没有什么好感。

而另一家机构的邀请者则是这样说的:

"恳请先生不吝赐教,传授一些增强中小管理者说话技巧的诀窍。与会的对象都是拥有 50 名左右员工的企业管理者,预定听讲人数为 70 人。因为深深体悟到心意相通的时代离我们越来越遥远,部属看上司脸色办事的传统陋习早已行不通。因此,此次恳请先生莅临演讲的主要目的,是希望让所有与会研习者明白,不用语言清楚地表达出自己想法的人,是无法成为优秀的管理人才。希望演说时间能控制在两个小时左右,内容锁定在:一、学习说话技巧的必要性;二、掌握说话技巧的好处;三、说话技巧的学习方法。希望能带给大家一次别开生面的演讲。万事拜托了!"

卡耐基可以感觉到这家机构的邀请者明快干练、信心十足,完全将他的热情毫无保留地传达给了自己。更重要的是,对方在他还没有提出问题的情况下,就解答了所有的疑问。因此,在卡耐基的脑海里立刻浮现出自己置身讲台的情景,并且很快就能够想像出参加者的表情,以及自己该讲述的内容等。显然,这种邀请方式很能带给受邀者好感。

很明显,为了说服别人,是需要一定技巧的。其中最重要的是依循一定的步骤。

说服他人应按照什么样的程序来进行呢？大致有以下四个步骤：

（1）吸引对方的注意和兴趣。

为了让对方同意自己的观点,首先应吸引劝说对象将注意力集中到自己设定的话题上。利用"这样的事,你觉得怎样？这对你来说,是绝对有用的……"之类的话转移他的注意力,让他愿意并且有兴趣往下听。

为了不至于在开始时便出师不利,以下几个要点请你务必好好掌握：

①留下良好的第一印象。也就是穿着得体、以礼待人,脸上保持诚恳的微笑。

②平时多留意自己的言谈举止,绝对要言行一致。

③主动与周围的人接触,建立良好的人际关系。

④再小的承诺也要履行,记住要言出必行。

⑤不撒谎,除了善意的谎言。

⑥提高与大众沟通的能力。

（2）明确表达自己的思想。

具体说明你所想表达的话题。比如"如此一来不是就大有改善了吗"之类的话,更进一步深入话题,好让对方能够充分理解。

明白、清楚的表达能力是成功说服中不可缺少的要素。对方能否轻轻松松倾听你的想法与计划,取决于你如何巧妙运用你的语言技巧。

为了让你的描述更加生动,少不了要引用一些比喻、举例来加深听者的印象。适当地引用比喻和实例能使人产生具体的印象,能让抽象晦涩的道理变得简单易懂,甚至使你的主题变成更明确或为人熟知的事物。如此一来,就能够顺利地让对方在脑海里产生鲜明的印象。

说话速度的快慢、声音的大小、语调的高低、停顿的长短、口齿的清晰度……都不能忽视。除了语言外,你同时也必须以适宜的表情、肢体语言来辅助。

（3）动之以情。

通过你说服对方的内容,了解对方对此话题究竟是否喜好、是否满足,再顺势动之以情或诱之以利告诉他"倘若遵照我说的去做,绝对省时省钱,美观大方,又有销路……"不断刺激他的欲望,直到他跃跃欲试为止。

说服前必须能够准确地揣摩出对方的心理,才能够打动人心。如：他在想什么？他惯用的行为模式为何？现在他想要做什么？等等。一般而言,人的思维行动都是由意识控制,即使他人和外界如何建议或强迫,也不见得能使其改变。

想要以口才服人的你，必须意识到说服的主角不是你而是对方。也就是说，说服的目的，是借对方之力为己服务，而非压倒对方，因此，一定要从感情深处征服对方。

（4）提示具体做法。

在前面的准备工作做好之后，就可以告诉对方该如何付诸行动了。你必须让对方明了，他应该做什么、做到何种程度最好等等。到了这一步，对方往往就会很痛快地按照你的指示去做。

2. 说服之前先了解对方

在现实社会中，矛盾不断产生，正反两方是永远存在的，因此，正确的必须说服错误的，正直的必须说服邪恶的，眼光远大的必须说服眼光短浅的，好的必须说服坏的，大公无私的必须说服自私的，思想创新的必须说服头脑顽固的。社会上，更有许多不合理的事情，需要我们去说服当事人改变或改善他们的做法……

以上种种现象说明了说服工作的重要。说服，这是永远不能停止，也永远不能懈怠的事。

我们要说服别人，首先必须透彻地了解别人的意见，不要只说自己的理由。自己的理由，当然是要说的，而且说得越明白越透彻越好。但是，同时也要注意到：倘若我们只说自己的理由，无论说得多么清楚明白，都不一定能说服和我们意见相反的人，我们只能使和我们意见相同，或对这个问题没有什么成见的人，听起来满意。

我们要说服别人，必须首先透彻地了解别人的意见，看他是怎样想的，有了怎样的感觉，了解他怎样看事情。

我们对别人的思想、感觉、看法了解得越清楚，我们的说服力就越强，越能够替人剖疑析难，指点迷津。我们对别人的想法，了解得越多，我们言语的说服力也就越大。

"知己知彼，百战百胜"，大家应练好这种"知彼"的功夫。

摸熟了通向各种人物内心的道路后，才能够逐渐清除他们内心的忧虑，解答他们内心的怀疑，并且把那些和你不同的或相反的意见推倒移开。

有许多口才很好的人，往往用自己的唇枪舌剑把对方口头上所说的意见驳倒，就以为自己说服了别人，但却不知道别人心里还藏着什么疑难未解之处。

这样的"说服"，只是口头上的说服，心里并没有服。别人口服心不服，就不能算是说服。别人对你的话没有心服，就不会按照你的话去做。所以我们应该经常关心他们的生活，和他们接近，倾听他们的谈话，注意他们各方面的表现，研究分析他们的行为动机和他们的心理活动规律。这些，正是我们说服别人的准备工作。

若是想提高自己说服别人的能力，必须把关心别人、了解别人当做一种经常努力的工作。

3. 说服要有耐心

我们在说服别人的时候，经常犯的错误，除了过分心急，不够耐心之外，就是我们并没有在说服的过程中提高自己的认识。我们不外乎把我们说过的话说了又说，说来说去还是那一套，许多人不能说服别人，恐怕第一步就失败在自以为是上了。

因为没有关心别人的生活，没有细心地去研究别人的问题，就下了判断，自以为"一眼就看穿了别人"。就如医生，未详细了解病情就下了诊断结论，结果是变"医"为"害"了。

在说服别人之前，最重要的是把准备工作做好，先把别人的想法，别人的问题看清、摸准，反复研究，深思熟虑。在说服别人之前，多听、多看、多想、多研究、多分析，把别人的想法、做法和问题所在看得清清楚楚，使自己给出正确的判断。

假定我们的看法是对的，我们的意见是正确的，那么，在我们去说服别人的时候，我们可能犯些什么错误呢？首先，我们可能过分心急，巴不得别人听了我们的话，立刻点头、说好、大为赞赏，向我们感激地说："听你一席话，胜读十年书。"或："你的话，真是一言警醒梦中人，倘若我早能向你请教，早能听到你的指点，那就不会惹出这么多麻烦了。"

是的，这种情形不能说没有。一个头脑清楚，眼光敏锐，而又善于表达自己意见的人，对别人常常会有这样的帮助。但实际上，这种情形是不太多的，在大多数场合，别人不会被我们一"说"就"服"的，我们应明白，别人的看法、想法、做法，不是一天形成的，正所谓"冰冻三尺，非一日之寒"。因此，没有那么快就改变自己的想法的。即使别人肯听我们的话，甚至在听我们说话时，曾经大加赞赏，大为感动，说了许多使我们非常高兴的话，但回去仔细考虑之后，他们原先的想法，又可能占上风。

何况,别人所接近的,也并非只有一人。别人所听到的,也并非只有一种意见。除了我们,别人还有他们很熟悉的或很信任的家人、朋友,也许比我们更能说服他。

如果你操之过急,就会把意见强加于人,使问题更难解决。

其次,各人的思想不同,而这些思想及心里的成见是根深蒂固的,就像一座山,要移去这座山,就需要有"愚公"的魄力和勇气。

我们第一要耐心,第二要耐心,第三还是要耐心。遇到不能说服别人,反而被别人抢白一顿的时候,不要生别人的气,更不能生自己的气,也不要泄气。说服别人也像愚公移山一样,今天挖开一角,明天铲平一块,今天解释清楚一个细节,明天说明一个要点,日积月累,相信是会解决问题的、会说通的。

有的时候,别人实际上已经被我们说服了,但是在他的身后却存在庞大的力量,这个人拉住他的手,那个人扯住他的脚,因此,我们面对的就不只是一个人,而是很多人,这时候,我们也应该增加我们的力量,介绍好的书给他看,请他去看一部很好的电影,也可以找几个见解和我们相同、口才比我们更好的人,和他做朋友,和他谈谈各种问题。这样,双方在想法上可能展开了拉锯战,就像一场"拔河比赛"。可是,正确的意见,总是会胜利的,除非你不再努力,不再坚持。

这样做,对你自己也不是没有好处的,可以使你本来正确的认识,更细致更丰富,可以使你对本来看得清楚的问题,看得更深刻更透彻,当然也就同时锻炼了你的眼光、你的脑子和你的口才,增强了你说服别人的能力。

4. 说服的话要有意义

社会上,总有这么一种人,对他的朋友犯错误感到非常的痛心。由于他们经常在一起,平时他也经常说服朋友,然而他的朋友却不采纳他的"忠言",以致"身败名裂"。当有人询问时,他会慨叹地说:"我早已不知跟他说过几千遍了,他就是不听,我又有什么办法!"

当然,一个人的失败,不应该由他人来负责。但这位先生说了"几千遍"的"忠言",很可能是一种"单调的重复",没有什么说服力。因此,当我们跟别人谈了一次之后,必须把自己说过的话再重新回忆一次,检查一次,看在什么地方没有表达清楚,什么地方强调得不够,理由还不大充分。更重要的,是要把对方的话拿出来细细地咀嚼,把对方许多不以为然的地方,拿回来细细地推敲。要不断虚心地反问自己:"这一点我不是已经说得非常清楚了吗,为什么还不明白呢?""为什么他总是坚持己见呢?"

让孩子一开口就招人喜欢

最初,常会觉得对方"无理可喻"、"莫名其妙"、"不可思议"……甚至因此慨叹、生气、摇头……但是就在这个时候,冷静的思考,仔细的分析,反复的研究和探索,会帮我们很大忙的。

渐渐地,在苦恼和困惑中,找到了一条出路,发现我们的哪一句话引起了对方的误会;或者,知道对方对我们的动机有所怀疑;或者,对方提出的问题,都不是主要的理由,因此他所说的理由,都是很容易驳倒的。但是,就在这些很容易驳倒的理由的后面,还隐藏着一个或几个最充分最重要的理由。这个理由,他不肯说出来,或是不敢说出来。一个人常常不肯说出他的真正的理由,因为他还不信任我们。也许他不相信我们对他的真正的关心和十足的诚意,不相信我们有替他解决疑难问题的能力,不相信我们能够全心全意地为他着想,不相信我们能够替他保守秘密。

只要他还不相信我们,他就不会把他的内心秘密向我们坦白地全部说出,那么,我们就不会明白他的用意,不会明白他的动机,我们也就无法说服他。

从以上的情况看,我们想说服别人,首先必须具有强大的人格方面的力量,必须有光明磊落的心胸,必须要时时都能够为别人着想,使别人产生信赖感。倘若这样,相信你的"忠言"是会起作用的。

5. 说服要有力度

很多人都知道用威胁的方法可以增强说服力,而且还不时地加以运用。这是用善意的威胁使对方产生恐惧感,从而达到说服目的的技巧。但这种方法要运用得当,而且在说话时要掌握好分寸。千万不要因为说了威胁性的语言而把事情搞僵。在这一点上,要争取做到收放自如。

有力度的说服往往会取得速战速决的效果。

一个单位到外地搞了一次集体活动。当大家风尘仆仆地赶到事先预定的旅馆时,却被告知当晚因工作失误,原来订好的套房(有单独浴室)中竟没有热水。为了此事,领队约见了旅馆经理。

领队:对不起,这么晚还把您从家里请来。但大家满身是汗,不洗洗澡怎么行呢?何况我们预定时说好供应热水的呀!这事只有请您来解决了。

经理:这事我也没有办法。锅炉工回家去了,他忘了放水,我已叫他们开了集体浴室,你们可以去洗。

领队:是的,我们大家可以到集体浴室去洗澡,不过话要讲清,套房一人50元一晚是有单独浴室的。现在到集体浴室洗澡,那就等于降低到统铺水平,我们只能照统铺标准,一人降到15元付费了。

经理:那不行,那不行的!

领队:那只有供应套房浴室热水。

经理:我没有办法。

领队:您有办法!

经理:你说有什么办法?

领队:您有两个办法:一是把失职的锅炉工找回来;二是您可以给每个房间拎两桶热水。当然我会配合您劝大家耐心等待。

这次交涉的结果是经理派人找回了锅炉工,40分钟后每间套房的浴室都有了热水。

威胁能够增强说服力,但是,在具体运用时要注意以下几点:第一,态度要友善。第二,讲清后果,说明道理。第三,威胁程度不能过分,否则会弄巧成拙。

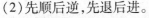

6. 说服别人的有效策略

具有良好的口才,说服能力强的人,必然是现代社会中的活跃人物,能左右逢源、顺风顺水地达成自己的目的。掌握善于说服别人的口才艺术,无论立身处世,还是交友待人,都会轻松自如。

有效地说服别人的口才既是一门艺术,又是一门技术。要想掌握这门技术,我们完全可以通过学习解决。学习别人的经验,可以使我们少走弯路。那么,说服别人的有效策略究竟有哪些呢?下面的经验值得借鉴:

(1)注重感情。

人本身就是一种有感情的动物。在人与人的接触和交往中,感情的作用十分重要。在说服人的时候,首先要创造一种平和、温馨或是热情、诚恳的气氛。有人说,再雄辩的哲学家也不好说服不愿改变看法的人,惟一的手段就是先使他的心变软。其道理就在这里。在说服对象抵触情绪比较重的情况下,先让他们发挥一下是对的。发挥不只是情绪的宣泄,而且可以让他们在原来的路上往前走得更远。这时,因为事情已经过火、过头,也因为走得越远,错误越容易暴露,他们自己便会意识到错误,这样,自己就把自己说服了。

(2)先顺后逆,先退后进。

心理学有个"名片效应",是说与人接触,先要向人家介绍自己的情况,让人家了解自己,取得信任。心理学还有个"自己人效应",是说与人接触,要取得人家信任,就应该先让人家认可你是他的"自己人"。我们采用这种先顺后逆的说

119

服法,可以消除对方的对立情绪,拉近双方的心理距离,引起认同感。

当两个方面对立起来的时候,要想在对立的观点、认识上取得一致意见,就不太容易了。但是,如果你转换一下思维的角度,摘其可取之处加以肯定,先转化对方的心理和情绪,然后再进行理性说服,这就容易有效果了。

先退后进是说,要先按被说服者的思维线路和行为途径往前推,一直推到错误处,以此得出结论——此路不通。这样,站在对方的思想和行为的角度说理,就容易被接受了。

(3)激发动机。

美国的门罗教授提出了一种激发动机的五步法。一是引起对方的注意。主要是要善于提出问题。二是明确你需要什么。把说服对象引到他自己的问题上。三是告诉他怎么解决。拿出具体的解决办法。四是指出两种前途。即是不同的两种结果。五是说明应采取的行动。这便是结论。这种方法实际上也是站在对方立场上说服对方,是从对方的动机出发,先在动机上寻求一致点,再去求同存异。

(4)寻找沟通点。

这即是如何引起对方注意,善于提出问题。实际上,无论在心理、感情,还是在理性上,我们都可以找到双方的共鸣之处,即沟通点。共同的爱好、兴趣,共同的性格、情感,共同的方向、理想,共同的行业、工作等等,都是很好的沟通媒介。

事情往往是这样的,对方哪怕是向我们这方迈出一小步,他们的立场、态度、认识,都会发生显著的变化。

(5)归纳法。

这是一种提供多种事实,让对方自己去分析、归纳的方法。对有对立情绪的人,采用只提出事实,不给结论的方法,容易被接受。

(6)对比法。

摆出正反两个方面的事实,让对方自己去判断是非曲直,或让他们跟着我们一起去判断对错。这也是一种好方法。

(7)心理换位法。

我们站到对方的位置上,或使对方站到我们的位置上。这样容易相互理解、体谅。有一句话:"挤上车的人往往会改变态度",这话是有道理的。

(8)以大同求小同。

在具体问题上发生分歧,把问题停留在具体问题上,事情往往不好解决。如果把这个问题转移到相关的,如目标、理想这样的高层次上,我们就容易找到共同点。自然,有共同点,又是大共同点,统一认识、看法,也就好办了。

(9)利用兴奋点。

就是利用人们最关心、关注,引起人们兴趣、兴奋的事情,把这些事情和我们要说的事情联系起来,以此激励、刺激人们的理性、心理,以便获得说服的效果。这需要我们开动脑筋,善于寻找那些确能使人兴奋的事情。

(10)拿出权威的数字。

心理学有个"权威性偏见",是对权威产生的一种过分崇拜的评价性偏见。人们听到、看到权威的,往往是表面上闪光的东西,并不了解他的另一面,所以会产生盲目性。问题是,人们并不很清楚这一点。

你用权威的话说,人们就信服;你拿出权威的数字,人们就很少提出疑义。这样,在一定的条件下,适当引用权威的语言或材料,也能起到说服的作用。比如,"事故多发地段,请注意安全"和"交警提醒您:这里一个月有三人死于车祸"这两句话相比,显然,后者的作用会大得多。

有这样一句名言:"到客户那里五次,他就会购买。"当然,这是就推销商品而进行的说服。其实,就日常的说服工作而言,也是如此。若你锲而不舍、不断谈心,或是不断灌输,最终是会有所收效的。

7. 说服别人的方法

说服别人,必须要晓之以理、动之以情,切忌盛气凌人、以势压人,也不宜与人激烈辩论不休。有些人说服人经常犯的毛病就是先想好几条理由,然后去和对方辩论;还有的是站在长辈的立场上,以教训人的口吻,指点别人该怎么做。这样一来,就等于先把他人推到自己的对立面,容易引发对立情绪,很不利于说服工作的进行。

其实,说服别人的方法和技巧很多,以下几种是比较实用和简便的:

(1)用高尚的动机来激励他。

在一般情况下,每个人都崇尚高尚的道德、正派的为人,都有起码的政治觉悟和做人道德。所以,在说服他人转变看法的时候,一个有效的办法就是用高尚的动机来激励他。比如说这样做将对国家、公司带来什么好处,或将对家庭、对子女带来什么好处,或将对自己的威信有什么影响等等。这往往能够很好地启发他,让他做应该做的事。

(2)用热忱的感情来感化他。

当说服一个人的时候,他最担心的是可能要受到的伤害,因此,在思想上先

121

砌上了一道墙,在这种情况下,不管你怎么讲道理,他都听不进去。解决这种心态最有效的办法就是用诚挚的态度、满腔的热情来对待他,在说服他的时候,要用情不自禁的感情来感化他,使他从内心受到感动,从而改变自己的态度。

(3)通过交换信息促使他改变。

实践证明,不同的意见往往是由于掌握了不同的信息造成的。有些人学习不够,对一些问题不理解;也有些人习惯于老的做法,对新的做法不了解;还有些人听人误传,对某些事情有误解等等。在这种情况下,只要能把信息传给他,他就会觉察到行为不是像原来想象的那样,进而采纳说服者的新主张。

(4)激发他主动转变的意愿。

要想让别人心甘情愿地去做任何事,最有效的方法不是谈你所需要的,而是谈他需要的,教他怎么去得到。所以有人说:"撩起对方的急切意愿,能做到这一点的人,世人必与他同在;不能的人,将孤独终生。"

探察别人的观点并且在他心里引起对某项事物迫切需要的愿望,并不是指要操纵他,使他做只对你有利而不利于他的某件事,而是要对方做对他自己有利,同时又符合你的想法的事。这里要掌握两个环节:一是说服人要设身处地地谈问题,要把别人的事当做彼此互相有利的事来加以对待;二是在促使他行动的时候,最好让他觉得不是你的主意而是自己的主意。这样他会喜欢,会更加主动和积极。

(5)用间接的方式促使他转变。

让孩子一开口就招人喜欢

说服人时如果直接指出他的错误,他常常会采取守势,并竭力为自己辩护,因此,最好用间接的方式让他了解应改进的地方,从而让他达到转变的目的。所谓间接的方式是多种多样的,如把指责变为关怀,用形象的比喻来加以规劝,避开实质问题谈相关的事,谈别人的或自己的错误来启发他,用建议的方法提出问题,等等。这就要靠说服者根据实际情况创造性地加以运用。

(6)提高对方"期望"的心理。

被说服者是否接受意见,往往和他心目中对说服者的"期望"心理有关,说服者如果威望高,一贯言行可靠,或者平时和自己感情好,觉得可以信赖,就比较愿意接受他的意见。

(7)以对方感兴趣的人或事间接打动对方。

在不能正面说服的情况下,采用"智取"的策略,激起对方的兴趣,间接打动对方。

(8)站在对方的角度上考虑问题。

美国汽车大王福特曾说过这样一句话:"假如说服有什么成功秘诀的话,那就是设身处地替别人着想,了解别人的态度和观点。"因为这样不但能使你与对方得到更好的沟通和谅解,而且能更清楚地了解对方的思想轨迹及其中的"要害点",瞄准目标,击中"要害",使你的说服力大大提高。

(9)调节气氛,以退为进。

在说服时,你首先应该想方设法调节谈话的气氛。如果你和颜悦色地用提问的方式代替命令,并给人以维护自尊和荣誉的机会,气氛就是友好而和谐的,说服也就容易成功;反之,在说服时不尊重他人,拿出一副盛气凌人的架势,那么说服多半是要失败的。毕竟人都是有自尊心的,就连三岁孩童也有他们的自尊心,谁都不希望自己被他人不费力地说服而受其支配。

有一位中学老师接管了一个差班的班主任工作,正好赶上学校安排各班级学生参加平整操场的劳动。这个班的学生躲在阴凉处谁也不肯干活,老师怎么说都不起作用。后来这个老师想到一个以退为进的办法,他问学生们:"我知道你们并不是怕干活,而是都很怕热吧?"学生们谁也不愿说自己懒惰,便七嘴八舌地说,确实是因为天气太热了。老师说:"既然是这样,我们就等太阳下山再干活,现在我们可以痛痛快快地玩一玩。"学生一听就高兴了。老师为了使气氛更热烈一些,还买了几十个雪糕让大家解暑。在说说笑笑的玩乐中,学生接受了老师的说服,不等太阳落山就开始愉快地劳动了。

(10)争取同情,以弱克强。

渴望同情是人的天性,如果你想说服比较强大的对手时,不妨采用这种争取同情的技巧,从而以弱克强,达到目的。

有一个15岁的山区小姑娘,不幸被拐到上海卖淫。当天晚上,天下着小雨,小姑娘的房门被打开了,一个中年上海"阿拉"走了进来。小姑娘的心跳到了嗓子眼儿。不过,她还是很快地镇静下来,机智地叫了声:"伯伯!"中年"阿拉"一愣,人像是被魔法定住了似的。小姑娘小心翼翼地说:"我一看伯伯就是好人,看你的年龄,与我爸差不多,可我爸就比你苦多了,他在乡下种田,去年栽秧时,他热得中暑……"说着说着,眼泪就哗哗地流下来。"阿拉"的脸涨得通红,短暂的沉默后,低低地说了一句:"谢谢你,小姑娘。"然后开门走了。面对强壮的"阿拉",何不让自己显得更弱小,来激发他的同情心呢? 聪明的小姑娘正是这样做的。一句"伯伯",一下子拉开了两人的年龄距离,让"阿拉"不由得想起自己那同样处于花季的儿女。同情的种子开始在他心头萌发了。接着小姑娘又不失时机地给他戴上一项"好人"的帽子,诱导他的心理向"好人"标准看齐。用"我爸"和"阿拉"对比,进一步强化了"阿拉"的同情心理。

(11)消除防范,以情感化。

一般来说,在你和要说服的对象较量时,彼此都会产生一种防范心理,尤其是在危急关头。这时候,要想使说服成功,你就要注意消除对方的防范心理。如何消除防范心理呢? 从潜意识来说,防范心理的产生是一种自卫,也就是当人们把对方当做假想敌时产生的一种自卫心理,因此消除防范心理的最有效方法就是反复给予暗示,表示自己是朋友而不是敌人。这种暗示可以采用种种方法来进行:嘘寒问暖,给予关心,表示愿给予帮助等等。

有个"的姐"(出租车女司机)把一男青年送到指定地点时,对方掏出尖刀逼她把钱都交出来,她装作害怕样交给歹徒 300 元钱说:"今天就挣这么点儿,要嫌少就把零钱也给你吧。"说完又拿出 20 元找零用的钱。见"的姐"如此爽快,歹徒有些发愣。"的姐"趁机说:"你家在哪儿住? 我送你回家吧。这么晚了,家人该等着急了。"见"的姐"是个女子,又不反抗,歹徒便把刀收了起来,让"的姐"把他送到火车站去。见气氛缓和,"的姐"不失时机地启发歹徒:"我家里原来也非常困难,咱又没啥技术,后来就跟人家学开车,干起这一行来。虽然挣钱不算多,可日子过得也不错。何况自食其力,穷点儿谁还能笑话我呢!"见歹徒沉默不语,"的姐"继续说:"唉,男子汉四肢健全,干点儿啥都差不了,走上这条路一辈子就毁了。"火车站到了,见歹徒要下车,"的姐"又说:"我的钱就算帮助你的,用它干点正事,以后别再干这种见不得人的事了。"一直不说话的歹徒听罢突然哭了,把 300 多元钱往"的姐"手里一塞说:"大姐,我以后饿死也不干这事了。"说完,低着头走了。在这个事例中,"的姐"典型地运用了消除防范心理的技巧,最终达到了说服的目的。

(12)投其所好,以心换心。

站在他人的立场上分析问题,能给他人一种为他人着想的感觉,这种投其所好的技巧常常具有极强的说服力。要做到这一点,"知己知彼"十分重要,惟先知彼,而后方能从对方立场上考虑问题。

某精密机械工厂生产某项新产品,将其部分部件委托小工厂制造,当该小厂将零件的半成品呈示总厂时,不料全不合该厂要求。由于迫在眉睫,总厂负责人只得令其尽快重新制造,但小厂负责人认为他是完全按总厂的规格制造的,不想再重新制造,双方僵持了许久。总厂厂长见到这种局面,在问明原委后,便对小厂负责人说:"我想这件事完全是由于公司方面设计不周所致,而且还令你吃了亏,实在抱歉。今天幸好是由于你们帮忙,才让我们发现竟然有这样的缺点。只是事到如今,事情总是要完成的,你们不妨将它制造得更完美一点,这样对你我双方都是有好处的。"那位小厂负责人听完,欣然应允。

(13)寻求一致,以短补长。

习惯于顽固拒绝他人说服的人，经常都处于"不"的心理状态之中，所以自然而然地会呈现僵硬的表情和姿势。对付这种人，如果一开始就提出问题，绝不能打破他"不"的心理。所以，你得努力寻找与对方一致的地方，先让对方赞同你远离主题的意见，从而使之对你的话感兴趣，而后再想法将你的主意引入话题，而最终求得对方的同意。

有一个小伙子固执地爱上了一个商人的女儿，但姑娘始终拒绝正眼看他，因为他是个古怪可笑的驼子。这天，小伙子找到姑娘，鼓足勇气问："你相信姻缘天注定吗？"姑娘眼睛盯着天花板答了一句："相信。"然后反问他："你相信吗？"他回答："我听说，每个男孩出生之前，上帝便会告诉他，将来要娶的是哪一个女孩。我出生的时候，未来的新娘便已经配给我了。上帝还告诉我，我的新娘是个驼子。我当时向上帝恳求：'上帝啊，一个驼背的妇女将是个悲剧，求你把驼背赐给我，再将美貌留给我的娘新。'"当时姑娘看着小伙子的眼睛，并被内心深处的某些记忆搅乱了。她把手伸向他，之后成了他最挚爱的妻子。

8. 有效说服他人的技巧

能否顺利说服对方，关键在于你运用了怎样的说服方法。

关于说服的方法及有关技巧早在我国的春秋战国时期就已成熟了。当时一些出身低微的"士"，也就是我们常说的"说客"，他们为了改变自己的命运和宣扬自己的主张而游说各国的君王、诸侯等上层统治者。由于受当时的社会制度的制约，说服对象往往掌握着说服者的生死大权，说服者与说服对象的地位无法平等对话。因此，在这种情况下，对于某些事情，说服者大多不宜直言进谏，因而促使他们想出了很多委婉、含蓄的语言和生动的寓言以及让说服对象能够接受的诱导方式和方法来达到让说服对象采纳自己意见的目的。

这些经典事例至今还有很多仍然是值得我们借鉴的。无论是古人还是现代人，他们的基本需求都是一样的，需要注意的是现代生活中说服者和说服对象之间是平等的，说服与反说服活动具有较高的互动性。对于不同的人，我们要用不同的说服方式和方法，并运用一定的技巧，这样才会达到预期的效果和目的，从而不断地提升自己的生活和事业的品质。

例如：当一个人心中存在抵触情绪的时候，就算你讲的话再有道理，他仍无法听进去，并且有时还会把你的好意当成恶意。要说服这样的人，我们最好选择使用"迎合"策略，只有这样才能让原本不愿意和你交谈的人和你有继续说话的机会，同时还能够让对方放松警惕，慢慢地通过与你进行沟通，从而好好地思索你言语中的道理。

快节奏的现代生活,时刻处于紧张工作状态中的人们,对于彼此在轻松的聊天式的交谈中完成说服的过程比较容易达成共识,但是因受我国传统教育的影响,在我们的工作环境和生活环境里,很少有人是以休闲和具有幽默感的交流方式去说服对方的。当然在说服过程中,语言表达的关键不能只注重在你的语句是多么的幽默风趣,或是词藻的如何华丽上,而将说服对象弄得晕头转向。这里所说的轻松的说服方式指的是在一种宽松的氛围内将自己想要表达的信息正确、明白地传达给说服对象,利用有说服力、有组织的言论使对方更正确地认清客观事实,从而达到说服的目的。如果还是靠讲大道理的说服方式,满口的"之、乎、者、也"的高深哲学理论,那么,不但达不到说服的目的,反而让对方在心理上很难接受,同时产生逆反心理,最终导致事与愿违。

以下是说服的几种方法:

(1)设身处地法。

有人说,要想让别人相信你是对的,并按照你的意见行事,那首先需要人们喜欢你,否则你就无法获得成功,可如果你不能设身处地站在别人的角度,找到别人的兴奋点、热点,又怎么可能说服他呢?

有家电视台,每周设有一次关于人生问题讲座的节目,据说收视率要比其他同时段的节目高出许多。收视率之所以偏高,当然有许多原因,但其中或许有人们都喜爱观看他人遭遇不幸的残酷心理。不过,最主要的还是因为节目中巧妙的对话,使人百看不厌。

大多数有疑难问题而上电视请教的观众朋友,在开始时,多会对解答者所做的各种忠告提出反对意见或辩解,并且显得十分不情愿接受对方所言。但久而久之,不觉对解答者所说的每一句话都会频频点头称是。见了这些画面,真是比起在电影院中观赏一部电影的感受还要深。

凡电视台的主持人或问答者,无不是精挑细选才产生出来的,所以光是听听他们的说服方式也获益不少。

对于不易说服的人,最好的办法就是要使对方认为你与他是站在同一立场。通常出现在探讨有关人生问题的电视节目的观众朋友,离婚女子占多数。此时,负责解答疑难者说的一句话是:"如果我是你的话,我会原谅他的,而且绝不与他分手。"

千万别认为话中的"如果我是你"只是短短的单纯的一句话而已,殊不知它能发挥的效力是不可限量的。而这也是由于人人都认为"自己是最可爱"的心理所致。

让孩子一开口就招人喜欢

如果你在说服别人的过程中,无意中使用了一些不太得当的言词,但由于你巧妙地运用这句"如果我是你",从而弥补了你言词上的过失,不仅如此,它还能促使对方做自我反省,使对方终于感觉到惟有你的忠言,才对自己最有利。

让我们看看美国心理学家卡耐基是怎样做的吧。

卡耐基曾用某家大礼堂讲课。有一天,他突然接到通知,租金要提高3倍。卡耐基前去与经理交涉。他说:"我接到通知,有点震惊,不过这不怪你。如果我是你,我也会这么做。因为你是旅馆的经理,你的职责是使旅馆尽可能赢利。"紧接着,卡耐基为他算了一笔账:将礼堂用于办舞会、晚会,当然会获大利。但你撵走了我,也等于撵走了成千上万有文化的中层管理人员,而他们光顾贵旅社,是你花5000元也买不到的活广告。那么,哪样更有利呢?经理被他说服了。

卡耐基之所以成功地说服了经理,在于当他说"如果我是你,我也会这么做"时,他已经完全站到了经理的角度。接着,他站在经理的角度上算了一笔账,抓住了经理的兴奋点——赢利,使经理心甘情愿地把天平砝码加到卡耐基这边。

汽车大王福特说过一句话:假如说服有什么成功秘诀的话,就是设身处地替别人着想,了解别人的态度和观点。因为这样不但能使你与对方得到沟通和理解,而且能更为清楚地了解对方的思想轨迹及其中的"要害点",从而做到有的放矢,击中"要害"。

(2)标志效果法。

每个人对自己的优点多少都有点自负心,而且很希望得到别人的承认。如果能善于利用人的这种欲求来说服之,对方即可让你掌握,依照你的期待去行动。

例如:你对一个小孩说:"你很聪明,又肯用功,功课一定愈来愈好。"这个小孩就会如你所愿,努力做个好孩子。相反的,如果你对他说:"笨蛋,你什么事都做不好,有什么用!"孩子也会依你所说的,愈来愈差,以致成为一个坏孩子。这种心理趋势,称之为"标志效果"或"角色形象效果"。

每个人都很容易受到别人所给他的"标志效果"的影响。好的"标志",可以引发一个人的潜力;坏的"标志",也会将一个人导入歧途。这是利用心理学的暗示效果。这种效果也适用于初次见面的场合,如果你希望对方是个有决断力的人,那么,不管他是不是这种人,你都可以给他冠上"你是个做事很有决断力的人",对方的自尊心得到满足,便不得不按照你为他贴上的"标志"去行动,也就是说,他会受到这个标志的约束。

让孩子一开口就招人喜欢

"要一个人有优点,就得让这个人去担负这项优点",这是英国首相丘吉尔的名言。最了解这项心理构造的,便是设法使嫌疑犯认罪的刑警。

人都有趋善心理。人们希望自己是善良、受人尊敬、被人爱戴的。而借助于这种高尚动机,把形象设计的标尺定高一点,就可以促使别人去扮演高尚的角色。

有这么一件事:

一位妇女带着个小孩上了火车,车上位子已被坐满,而这位妇女旁边,一位小伙子却躺着睡觉,占了两个人的位子。孩子哭闹着要座位,并指着小伙子要他让座,小青年装作没听见。这时,小孩子的妈妈说话了:"这位叔叔太累了,等他睡一会儿,他就会让你的。"几秒钟后,小青年起来客气地让了座。

显而易见,这个青年开始并不"高尚",甚至算不上讲道德,但他后来为什么转变了呢?就是因为小孩妈妈给他设计了一个高尚的角色:他是很善良的人,只是由于过度劳累,而无法施善行。趋善心理使小伙子无法拒绝扮演这个善良的角色——确切地说,他是乐意扮演的。

无论人性本善或本恶或本无,人都不愿意自己被认为恶。连刽子手、战犯、政治流氓都要借助于一些高尚的名词粉饰自己,对于那些有小错误的普通人难道有必要加个罪名,将其一棍子打死,然后让他在众人的冷眼怒目中自暴自弃吗?多一份鼓励和信任,辅助以适当的疏导,对方会尽量克服自己的弱点去报答你的赞美的。

借助高尚的动机,使人们产生一种使自己的行为与对方评价的角色效果相一致的欲望,他可能表现得比他本人更高尚、更公正。

假如有人到你柜台上买东西,他已经挑了十来次,现在他又提出了同样的要求,怎么说服他痛快地购买呢?"我相信,您本意并不想挑三拣四,只是为了促使我们对我们店的商品质量及我们店的信誉负责。"结果怎样?他买了东西,高兴而归,而且绝不会说它差,因为他要实验你给他的"角色形象"。

把好的可能培植在善良的土壤里,把坏的可能断绝于萌芽状态,这就是用高尚动机进行角色形象设计的妙处,也就是所谓的"标志效果"。

(3)添加作料法。

大凡厨师都有这样的经验:要使菜肴美味可口,要注意适加作料。说服也是这样,你在说别人时,恰到好处地添上一句歇后语,往往能起到意想不到的效果。

歇后语,又称俏皮话、巧语、谐谑语。它是一种特殊的语言形式,前部分譬语像谜面,后部分解语像谜底。它通过含蓄幽默的比喻,夸张而精确地把抽象

让孩子一开口就招人喜欢

的道理讲得明明白白,富有启发性,而且想像丰富,诙谐风趣,言简意赅,通俗易懂,容易入心。

某塑料厂宣传干事刘某和妻子雪琼新婚燕尔,星期天一同去逛街,不料在一林阴道的拐弯处,迎面遇上刘某从前的恋人张莉,刘某感到慌乱,而对方也冷冷地看着他们,此时,只见雪琼主动走上前打招呼道:"这不是张莉姐吗? 你好! 今天可是一滴水滴在香头上,碰得这么巧。咱姐俩难得见面,正好,一起走吧。"一番话,说得张莉破脸而笑,忙摆手:"谢谢,不用了,我还要到那边看看。"雪琼不愧为一名聪明伶俐的女性,她的出面不仅解了丈夫的围,而且她得体的称呼,客气的话语,特别是巧妙加进的歇后语"作料",说得张莉不好意思,心中积怨也顿时化解。

(4)同类相比法。

同类相比,用在说服与反说服上是把较为简单的事理与复杂的事理相比较,从较为简单的事理证明或推论出与之有某些相似之处的复杂事理。这种做法,因其简明直观,往往一下子就能打动人心,使其信服。

广东武警总队某中队龙指导员在战士小杨因爱情受挫而产生轻生的想法时,使用同类相比法说服了他。当小杨要做出幼稚的举动时,龙指导员将他救下,并把他请到自己宿舍里,拿出一盘苹果招待他。其中有几个苹果烂了一小点,龙指导员拿起就要往垃圾堆里扔,小杨连忙阻止说:"几个苹果只烂了一点点,扔掉多可惜呀!""而你做出如此轻率的举动,这不更令人痛心吗?"龙指导员的这个富有哲理的同类相比,竟奇迹般地拨开了小杨心头的迷雾。他痛悔地说:"我真糊涂啊,多亏你挽救了我,谢谢你对我的教诲。"

(5)先承后转法。

先承后转,即把对方的话题先承接下来,表示一定程度的赞同,这能缓解对方的强硬态度,使他愿意听取你的意见。但要掌握一个原则,不能把自己的态度完全等同于对方。然后,再进行转折,改变对方的某些看法,使对方比较愿意接受。因为在现实生活中,经常遇见的不是绝对对立的是与非、正确与谬误,所以承接对方的话题是必要的,这很容易形成态度的缓冲过程,然后再逐渐地转向,使对方改变主观意见和态度。

许多人在劝说别人时,都证明自己是百分之百的正确,而对方的所有观点都是错误的。其实,精明的劝说者总是就某些事情做些让步,并找出某些一致的观点。

对方提出某种观点,总有一定的理由,不会毫无道理。因此,你首先必须给予承认:

"是的,你在那件事情上当然是正确的,但是另一面……"

"是的,我能理解为什么你会这样想,但是……"

"是的,我知道你在那里干得不错,但是你是否考虑过这个呢?"

采取这种"是的……但是"的技巧,温和而准确地陈述你的情况和理由,使他觉得按你这么推理更有道理,他就会心悦诚服地赞同你的观点。

这种"是的……但是……"的方法,虽然有点像小学生的作文,但却妙不可言。

"是的……但是……"的方法是委婉的说服技巧,虽然最后你是拒绝他,可是对方会觉得你有接受他意见的心意,并不会太在意。

(6)引蛇出洞法。

有句成语叫做"引蛇出洞",说的就是一种"出其不意,攻其不备"的说服术。这里"引"是手段,"出"是目的,对方将自己防范得紧紧的,你又怎能引诱出来呢? 只有麻痹对方,松懈其意志,敞开其心胸,这才能谈得上引诱"蛇"出"洞",实现其目的。这是引"蛇"出"洞"法的一个基本特点。

鬼谷子据说是先秦时纵横学派的一大宗师,同时,也是兵家神秘的一代祖爷。相传他在青溪山上向庞涓、孙膑传授谋略与兵法时,一天,他有心想测试一下两位弟子这一阵子学得如何,便坐在一个山洞里向两人问道:"你们谁有本事骗我走出洞外?"庞涓便抢先一步连哄带吓,甚至扬言要放火烧荒。不论他如何威吓,鬼谷子都安然不动,因为他知道庞涓是要把他弄出洞去,所以防范得很紧。

孙膑却反其道而行之,承认自己愚笨,说无论如何是无法将老师骗出洞外,不过,他接着说:如果老师是在洞外,他倒有办法骗老师走进洞来。鬼谷子听后当然不信,便信步朝洞外走去,谁知他的脚刚一踏出洞外,孙膑便在背后高兴地拍掌叫道:"老师,我这不是把您请出洞外了吗?"孙膑哪里愚笨,他是布下圈套让老师钻——鬼谷子果然上当受骗。为什么呢? 因为孙膑先说自己愚笨,使鬼谷子放松了警惕,疏于防范。"让一步等于让了一百步",此言不谬。

(7)先小后大法。

对那些与自己立场态度相距较大的劝说观点,人们会觉得比实际上的差距还大,这在社会心理学上称为反照反应。

在发生反照反应时,由于人们会觉得劝说观点比实际更不可接受,于是便会抵制信息,拒绝劝导,努力从信息和来源上寻找破绽,达到维护心理平衡的目的。所以劝说者总要力求避免反照反应。但是,愿望总归只是愿望,在多数情况下,我们又不得不面临与被劝说者的见解相距甚远的处境。在这种情况下应如何行事呢？

社会心理学对此提出了"登门槛"的策略，又叫"先小后大"法。比如，你想走进一间房子里却遭到主人拒绝后，你可以先说服主人让你的脚踏上门槛，其次说服他让你的一只脚迈进门槛内，达到这个目的，再说服他让你进到屋里去就不难了。这就是说，在遇到与劝说者的观点差距较大的情况时，可以循序渐进地提出自己的要求：先提出较小的要求，待他接受以后，再提出较大的要求，就会达到改变对方态度的目的。因为接受了较小的要求后，由于人的"同化反应"在起作用，他就难于拒绝接着而来的较大要求。

美国科学家曾在加州的帕洛阿尔托做过一个著名试验：为了表示对交通安全的支持，要求一些被测试者在自家的窗前摆放一个小纸牌标语，那些最初同意了这一要求的人，后来大多数都同意在自家院里竖起一块大的交通安全标志，虽然这得让外人来自家草坪上戳几个不小的洞。与此相反，那些起先未被要求在自家窗前摆放小纸牌标语的被测试者，95％的人都拒绝了要在他们院子里挖洞摆放大的交通安全标志的要求。

在一般情况下，先提出较小的要求，人们总是容易接受的。接受了较小的要求，也就等于缩短了劝说观点与被劝说见解之间的差距，以此逐步地提出最终要求，他也就不会感到惊奇，不会觉得不可接受了。再说，人的自我意识具有维持自身形象一致的倾向，答应了较小的要求，就不愿再拒绝较大的要求，因为再拒绝较大的要求，就会给人留下朝三暮四、出尔反尔的印象，这往往是自我意识所不允许的。

澳大利亚墨尔本曾发生过这样一件事：

女记者帕兰要去采访一位很有地位的重要人物，想请他就海洋动物保护问题发表15分钟的广播讲话。但这位重要人物非常忙，如果知道采访要占用他一刻钟，很可能就会拒绝。帕兰该怎么办呢？

帕兰采取了先小后大的说服法。她先打了个电话："在百忙中打扰你很过意不去，我们想请你就海洋动物保护问题谈谈看法，大概只要3分钟就够了。听说你日常安排极有规律，每天下午4点都要走出工作室到户外散散步。如果可能，我想是不是可以在今天下午的这个时候去拜访你。"结果帕兰的3分钟（而且是在对方散步时进行）小要求被接受了，帕兰如约前往，采访于当日下午4时准时进行，当帕兰从这位要人的私宅出来时，时间过去了整整20分钟，也就是说，这位要人破例和帕兰谈了20分钟，而对帕兰来说，把20分钟采访编制成15分钟广播讲话，材料已足够了。

（8）先大后小法。

让孩子一开口就招人喜欢

我们知道,许多人考虑问题不外乎两种方法,一是从大前提着想,另一个是从细节着想。掌握了这种心理因素,就能顺利地说服对方。比如,我们可以先说"细节问题我们稍后再谈",以此先引出其中较易使对方接受的十分之七的大前提部分,至于其他十分之三容易引起争论与检讨的细节部分,可以稍后再论。

"为了顾全大局……""为了全体的利益……"这些话对方听后,不但原则上会同意,同时还十分感兴趣,我们便可趁机提出其余的焦点问题,反复说:"完全"、"全部",夸张仅有的一致点,使对方心中防御的心理松懈,最后不得不同意。

另外,先大后小法还能这样应用,即先向被劝说者提出一个较大的要求,待他拒绝后,再提出一个较小的要求,他可能就会接受。比方说,你想说服别人借给你300元钱,你可以先向他提出借1000元的要求,遭到拒绝后,待他向你解释原因时,你就可以说:"既然1000元很难拿出手,那借300元总还可以吧。"这样,他就有可能会答应你这一较小的要求,被你顺利地借到300元钱。

在西方的企业中,工会在为工人向资方斡旋时,都会为加薪之事形成拉锯战,劳方期望能大大提高薪水,资方却希望不要加太多的薪水。双方总是要经过多次的斡旋与沟通才能达成协议。

事实是,劳资双方在谈判前,彼此早就有一个预估的标准,但他们为什么不一次提出,而总要对方再尽可能地提高或减少,然后再来"杀价",这样来来回回的,时间不是太浪费了吗?最主要的原因是,采用拉锯战的谈判方式来探索对方的最低限度。

同样的道理,说服部下接受某项工作时,也可采用这种方法:"今天做不完也没关系,只要明天做完就行了。""比预定的目标低一点,也没有关系。"先提高目标,再慢慢让步,对方就会不好意思拒绝。

每个人都试图给他人留下一个比较好的印象,使人感到他是一个好人。如果他发现自己的某些行为没有达到这一目的,引起了不良反应,那他应会改变自己的行为,以纠正人们对自己的不良印象。社会心理学把这种心理现象称之为"背后鞠躬"效应。很显然,当你提出了较大要求的时候,对方是很难办到的,但是,拒绝了你这一要求,又意味着得罪了你,给你留下了不好的印象。这时,你再提出一个较小的要求,就等于给了他一次纠正不良印象的机会,从维护自己尊严的角度考虑,他也有可能从命,答应你的要求。

其实,当你采用先大后小的方法劝说别人的时候,你已经不自觉地运用了"障碍法",即把对方的注意力从"拒绝不拒绝的问题"巧妙地引到了"拒绝多少"的问题上去了。

（9）逆反效应法。

逆反效应，也就是利用人的逆反心理，来增强信息的可信度，改变人的态度。所谓逆反心理，就是反其道而行之的心理态势。例如，越是短缺的商品，人们越是千方百计地购买；某篇文章被批评了，某本书被禁止发行了，人们越是争相传阅，以求先睹为快；告诫青年人不要酗酒、抽烟，反而会促使他们偷偷地喝酒、抽烟。

人们的逆反心理是多种因素引起的，其中好奇心是一个主要因素。把某项活动搞得越神秘，人们就越感到好奇，从而引起人们的关心和注意，产生种种猜测，并千方百计去打听它，想方设法得到它。"禁果分外甜"就是这个道理。

在改变人的态度时，根据逆反心理这一特点，把某种劝说信息以不宜泄露的方式让被劝说者获悉，或以不愿让更多的人知道的方式出现，就有可能使被劝导者更加重视这一信息，并毫不怀疑地接受它。土豆从美洲引进法国的历史就很耐人寻味，它说明利用逆反心理能成功地改变人的态度。

法国在很长时间内都没有推广土豆的培植。宗教界称土豆为"鬼苹果"，医生认为它对人体健康有害，农学家则断言土豆会使土地变得贫瘠。著名的法国农学家安瑞·帕尔曼彻在德国当俘虏时，亲口吃过土豆。回到法国后，他决心要在自己的故乡培植它，可是很长时间他都未能说服任何人，于是他要了一个花招，在国王的许可下，他在一块出了名的低产田里栽种了一批土豆。根据他的要求，由一支身穿仪仗队服，全副武装的国王卫士看守这块土地。但这些卫士只是白天看守，到了晚上就全部撤掉了。这时人们受到禁果的引诱，每到晚上都来偷挖土豆，并把它栽在自己的菜园里。土豆就这样在法国得到了推广。

这说明，越是对人劝说，有时人们越不接受；越"不想对人劝说"，反而越能成功地劝说人们。

（10）先行自责法。

攻心说服术最基本的要点之一，就是巧妙地诱导对方的心理感情，以使他人就范。如果说服的一方特别强调自己的优点，企图使自己占上风，对方反而会加强防范心。所以，应该故意先点破自己的缺点或错误，暂时使对方产生优越感，而且注意不要以一本正经的态度表达，才不会让对方乘虚而入。

当一个人认为可能自己会被人指责时，不妨以先发制人的方式先数落自己一番。然而人心是很奇特的，当对方发觉你已承认错误时，便不好再多指责。如当你有求于对方时，一开始你就说："我这可能是无理的要求"，"我说这些话可能有点啰嗦"，或"我说的话可能过分点"。此时，即使你说的话确实令对方感到厌烦，对方也不会因此当面指责。如果反复使用，反而更能加强效果，使对方

让孩子一开口就招人喜欢

轻易地听完你的要求，并接受你的要求。

美国心理学专家卡耐基在其《美好的人生》一书中，讲了他的一段经历：

从卡耐基家步行一分钟，就可以到达森林公园。他常常带着一只叫雷斯的小猎狗到公园散步。因为他们在公园里很少碰到人，又因为这条狗友善而不伤人，所以卡耐基常常不替雷斯系狗链或戴口罩。

有一天，他们在公园遇见一位骑马的警察，警察严厉地说："你为什么让你的狗跑来跑去而不给它系上链子或戴上口罩？你难道不晓得这是违法吗？"

"是的，我晓得。"卡耐基低声地说，"不过，我认为它不至于在这儿咬人。"

"你不认为！你不认为！法律是不管你怎么认为的。它可能在这里咬死松鼠，或咬伤小孩，这次我不追究，假如下次再被我碰上，你就必须跟法官解释了。"

卡耐基的确照办了。可是，他的雷斯不喜欢戴口罩，他也不喜欢它那样。一天下午，他和雷斯正在一座小坡上赛跑，突然，他看见那位执法大人正骑在一匹棕色的马上。

卡耐基想，这下栽了！他决定不等警察开口就先发制人。他说："先生，这下你当场逮到我了。我有罪。你上星期警告过我，若是再带小狗出来而不替它戴口罩，你就要罚我。"

"好说，好说，"警察回答的声调很柔和，"我晓得没有人的时候，谁都忍不住要带这样一条小狗出来溜达。"

"的确忍不住。"卡耐基说道，"但这是违法的。"

"哦，你大概把事情看得太严重了，"警察说，"我们这样吧，你只要让它跑过小山，到我看不到的地方，事情就算了。"

那位警察也是一个人，他要的是一种重要人物的感觉，因此，当卡耐基责怪自己的时候，惟一能增强他自尊心的方法，就是以宽容的态度表现慈悲。

如果我们免不了会受到责备，何不自己先认错呢？听自己谴责自己不比挨别人批评好受得多吗？你要是知道某人准备责备你，你自己先把对方责备你的话说出来，他十之八九会以宽大、谅解的态度对待你，就像那位警察对待卡耐基和他的爱犬一样。

（11）相似因素法。

相似因素，又叫类似因素，也就是人与人之间的相似点。社会心理学研究表明人们都乐于同与自己有相似点的人交往、谈话。因为相似因素既能有效地减少双方的恐惧和不安，解除戒备，又能发生可以共同接受的信息，能有相同、相似的理解，产生相同、相近的情绪体验，进而在感情上产生共鸣。

人与人之间存在的相似因素很多,有的是明显的,有的是隐藏的。在交谈中,只要留心对方的举止言谈,就不难发现一些相似因素可以作为交谈的共同话题和说服的突破口。

常见的相似因素有如下几个方面:

①地域相似。

这里的地域是指人们居住、工作的地方。有些人虽不相识,却或先或后地在同一个区域居住、学习或工作过。这一地区的山水风情、人物世态……都是他们的共同话题。如在某学会上,一位从沈阳来的教授与丹东市一位老师相遇了。

王老师:"陈教授,听口音是本地人。"

陈教授:"是。老家住岫岩县牧牛乡。"

王老师:"今年春天我去过一次,那个地方偏僻一点,但山楂种植业发展很快,很有前途。"

陈教授:"我去年回去过一趟,山楂是栽了不少,但技术不行,管理也跟不上。"

于是,两个人从岫岩的山楂种植谈到玉石制品,从一个小乡谈到全县的城镇建设,以地域为切入点,无所不谈。

②经历相似。

相似的社会经历,会使人产生相同或相似的切身感受,容易互相理解,引起感情上的共鸣。一方讲述的生活经历,能引起另一方对往事的回忆;一方吐露的心声,会成为双方共同的感慨。刚粉碎"四人帮"那几年,青年人相见,不管认识不认识,只要都下过乡,就是"知青战友",都能滔滔不绝地讲一通乡间生活的奇闻逸事。唐代大诗人白居易身为江州司马,与地位低下的琵琶女邂逅相逢,也能很快地倾心交谈,并为之挥泪,沾湿青衫,就是因为"同是天涯沦落人",经历、遭遇上的相似,使他们暂时排除了地位上的差别,有了共同语言。

③职业相似。

俗话说:"隔行如隔山,同行易相知。"即使是初次见面,彼此之间并不熟,但对共同从事的职业的性质、特点、作用、工作方法、内中甘苦都了如指掌,谈起来就有话可说,不会感到陌生了。常常看到这样的情形:在火车上,两个农民打扮的人,抽着老旱烟,谈得热火朝天,从旱涝风情、庄稼长势、土质肥力、耕作方法……一直谈到化肥农药涨价、粮食收购价格太低、养猪不如养狗……直到其中一位下了车,他们之间的马拉松式的谈话才终止。这时,你问没下车的那一位:

让孩子一开口就招人喜欢

"你们早就认识吧?"他会干脆地告诉你:"我不认识他,听口音不是本地人。"这是职业上的相似因素,使他们之间有了共同话题,偶尔相遇就谈得这么火热。

④兴趣相似。

共同的兴趣与爱好最能促进交往双方相互接近,它在人们的心理上往往诱发出一种特定的吸引力。

有一次,相声演员姜昆到地方上演出,该地市属几家新闻单位的记者纷纷前往采访,不料,姜昆一一婉言谢绝,这使记者们十分失望。这时,有一位爱好相声的女记者却再次叩响了姜昆的房门,说:"姜昆老师,我是一个相声迷,我对您的演出有些意见……"姜昆一听是为自己的节目提意见来的,便十分热情地接待了她。这位女记者正是利用了她和对方对相声的爱好及共有的兴趣做文章,巧妙地打开了姜昆的"话匣子",顺利地完成了采访任务。

9. 采取迂回战术进行说服

在日常生活中,需要说服的事情几乎随处可见。母亲病了不肯到医院去动手术,要靠说服;痴情女失恋痛不欲生,要靠说服;年轻人不求上进作风浮躁,要靠说服。

进行有效说服的一个较好的策略是采取迂回战术,不从正面入手。直接说服容易让对方产生抵抗心理,所以,不妨从侧面打开缺口。

俄国十月革命刚刚胜利的时候,象征沙皇反动统治的皇宫被革命军队攻占了。当时,俄国的农民们打着火把叫嚷,要点燃这座举世闻名的建筑,将皇宫付之一炬,以解他们心中对沙皇的仇恨。一些有识之士出来劝说,但都无济于事。

列宁得知此消息后,立即赶到现场。面对着那些义愤填膺的农民,列宁很恳切地说:"农民兄弟们,皇宫是可以烧的。但在点燃它之前,我有几句话要说,你们看可不可以呢?"

农民们一听这话,便知列宁并不反对他们烧,于是答道:"完全可以。"

列宁问:"请问这座房子原来住的是谁?"

"是沙皇统治者。"农民们大声地回答。

列宁又问:"那它又是谁修建起来的?"

农民们坚定地说:"是我们人民群众。"

"那么,既然是我们人民修建的,现在就让我们的人民代表住,你们说,可不可以呀?"

让孩子一开口就招人喜欢

农民们点点头。

列宁再问："那还烧吗?"

"不烧了!"农民们齐声答道。

皇宫便由此保住了。

迁怒于物往往是情感朴实、思维简单化的一种表现,这时关键在于疏导。面对激愤的群众,列宁的五句循循善诱的问话,理清了群众思路,保住了这座举世闻名的建筑。他采取的步骤是:首先理解和赞同群众的观点,这样可以争取到引导群众的时间和机会;其次,正本清源,使农民们懂得,皇宫原来是沙皇统治者居住的,但修建者却是人民群众,如今从沙皇手中夺过来回归人民群众,就应该让人民代表住,这个道理是可以说服人的,因此农民们点了点头。最后一问,是强化迁回诱导的结果,让群众明确表态"皇宫不烧了",从而完全达到了目的。

在说服的过程中,不能只讲大道理,但并不是就可以不讲"理",如果将道理讲得具体生动,引人思索,让他们觉得是这么个理儿,就能一步步循序渐进地将道理说明白。

采用迁回论证法往往是因为问题复杂,或对方深坏敌意、居心不良,不便用一般手段对付。

实践中,主要针对如下两种情形:

(1)对方提出问题明显,你不能如实答复,也不便直接否定,不妨借用对手的选择做出"迁回"的表象。

(2)若对方的论证没有理性,使你难以接受其观点,不妨也非理性地提出对抗性的命题,对方必然要质疑,于是你就可以借他来求证,以反驳他原来的结论。

需要提醒的是,在使用迁回论证 法时,切忌把反击简单地落在"乌鸦说猪黑","猪也说乌鸦不白"那样笨拙的反唇相讥上。

10. 对症下药才能有效说服

现实生活中的人们,由于在社会经济活动和政治活动中所处的地位不同,家庭环境、社会经历、文化程度、心理需要、个人品质、性格脾气、兴趣爱好也各不相同,于是就形成了人的不同层次。

同一类型的事情发生在不同的个体身上,就会产生不同的反应。说服的方法、说服的语言和声调也必须作相应的变化,才能解决不同层次、不同类型人的思想情绪问题。

说服时只有根据不同情况区别对待,有针对性地开启对方的心扉,对症下药,才能真正实现感情和心灵的共鸣。

(1)要了解对方的心理需要。

心理需要从性质上分,有合理和不合理两种类型。其中合理的需要又包括能解决得了的和解决不了的两种情况。这些不同的类型,决定了说服者必须坚持这样一个原则:对合理的要求,要通过说服,帮助寻找一条能够使需要得到满足的理想途径;对那些虽属合理但因条件所限暂时满足不了的需要,就要对其做出解释,从精神上予以鼓励和安慰;对那些不合理的需要,就要通过说服加以控制和引导,使不合理需要受到一定的遏制,并最终放弃。

人的需要从级别上分,更为复杂。美国心理学家马斯洛认为人的需要主要分五个层次:一是生理需要;二是安全需要;三是归属和爱的需要;四是尊重的需要;五是自我实现的需要。马洛斯的需要层次启示我们,在进行劝导说服的时候,必须顾及到人的不同需要,针对不同的情况,因人而异,这样才能增强说服的效果。

(2)要针对说服对象的性格、气质采取不同的说服方式。

对脾气刚强的人,要采取温和的方法;对有智谋、善思虑而又藏而不露的人,要从平易善良方面作专门引导;对勇敢坚毅但又凶猛暴戾的人,就要劝导他不越轨;对灵敏轻快的人,要使他在行动举止方面加以节制;对心胸狭窄的人,就得开阔其胸襟,使之宽宏大度;对志向卑下、迟钝而又贪图小利的人,就要激起他的高尚志向;对平庸而散漫的人,要通过师友来管束他。做到因人施教,这样才能牵人之心、启人之志。

对于人的气质,现代心理学家一般把它分为四种类型。

①急躁型。对这种气质的人进行说服,要心平气和,尽量避免当面刺激和发火。当然,在必要的时候,需要故意使用激将法。

②活泼型。对于这种气质的人,说服时态度要严肃认真,不能跟他随便打哈哈,否则,他会把你的说服当做耳边风。

③稳重型。对这种气质的人,说服前时要多加关怀和尊重,消除其疑虑,破除其误解,逐步解开他的思想疙瘩。

④胶滞型。对这种气质类型的人,说服前要做深入的了解,说服时要耐心细致,稍有急躁情绪就会妨碍他倾吐内心之隐。

(3)要根据说服对象的年龄层次而采取不同的方式。

一般来说,老年人特别希望得到人们的尊重,用回忆"想当年"的美好往事

让孩子一开口就招人喜欢

来加以引导;在说服中年人时可坦率地就事论理地交谈;在说服青年人时,宜多用古今中外名人名言及引经据典,寓说服的道理于知识、趣味之中。

要注意说服对象的文化程度,对知识分子进行说服,宜采取以说理为主的抽象方式,有些话无需说尽,要留有思考的余地。对文化程度较低的人,则应偏重于以动情为主,采用通俗易懂、形象比喻的方式。

总之,综合地考察多方面的因素,可以增强说服的针对性,避免或者减少盲目说服所造成的错位反应。

11. 提高说服力的7个秘诀

任何人都希望能轻松地说服他人,尤其是担任领导职务的人,更是如此希望;但是千万不要误解说服力的本意,毕竟它与饶舌不同。有的人能不费口舌就自然有说服力;有的人即使滔滔不绝,也没有洗耳恭听的听众。因此说服力并不取决于是否能言善道,而决定于能适时说出适当的言辞。当然有人天生就具有说服力,但是一般来说,说服力是靠后天的经验和努力培养而成,提高说服力需要认真加以进修、训练。

（1）掌握要点和难点。

大部分人只考虑到如何巧妙地说服他人,但能掌握"要点"的人却非常少。例如告诉对方"如果不这么做,公司就会有危险"、"这样会给大家添麻烦"、"如此才可以拓展前途"、"必须拉拢他加入我方的阵营"等等,这样才算符合说服的需要。

和人见面,想不费吹灰之力就说服对方是不可能的。必须彻底检讨自己的意见,表明自己最低限度的要求。若抓不住意见的重点,不但无法说服对方,反会遭到对方的反击,不得不知难而退。这就是因为"该说"的话表达得不够明确之故。如果一开始就心生胆怯,心想"我真的能顺利说服对方吗"或"万一遭到拒绝怎么办",甚至认为"对方说的也有道理"等,这些都是因为说服的基础不够稳固,才想不出"如何说服对方"的手段和方法。所以说服前先检查一下谈论的内容是否必要,然后再开始进行说服,才可事半功倍。

（2）掌握对方心理。

不考虑对方,只单方面谈论自己的事,不但无法打动对方,反会显得疏远。因为从感情与理性两方面来说,强迫性的做法会使对方在感情上产生不悦,而脱离要点会使对方在理性上无法理解。此时,首先需要训练的是静听。任何人都希望站在说服者的立场,不喜欢被人说服,更有甚者认为让别人说服是一种耻辱,所以努力先使对方保持平静,消除其压迫感,否则说服就无法成功。因此,与其自己先发言,不如先听对方的,从谈话内容中了解他。给予对方发表意见的机会,可以缓和他的紧张,进一步使他对你产生亲切感;更重要的是,能根据对方谈话找到说服的重点。那么要如何才能让对方发表意见呢?可以先诱导对方谈论他感兴趣及关心的话题;至于对方有兴趣及关心的话题,则多半是他个人身边发生的事。

有人认为抓住对方自己认为所喜欢和关心的问题,而且也是最切身的话题,由此而找出对方关心的目标,他就会道出自己的看法,这也就是我们必须侧耳倾听的内容。从对方的谈话中,可以了解对方的嗜好、个性及说服重点。

(3)周密的论证。

不具体地表明说服的要点会失去说服力;而不得要领的要求,也无法得到充分的效果。对部下有所期望,希望达到目的时,必须周密论证以使对方正确了解。下命令的人知道自己的意思,但执行命令的人,却不容易了解。在工作方面,说服特别要具体地提出计划、说明理由、内容、完成日期及要求的成果,不如此提出,就很难说动对方去办,再怎么激励他,他也不知从何下手。人之所以会有积极的意愿,是因为总想有发挥自己能力的机会。只有凭自己的才智与能力参与到整体工作时,才能体会到工作的意义。

(4)发挥别人才智。

使对方发挥才智,就必须告知对方他想知道的事。若没有确切的指示,他就会在不明事理的情况下产生不满,或者发牢骚、破坏了工作环境的和谐。因此必须以具体的办法告诉对方,使其了解情况,他才愿意去干。例如告诉对方"你的立场是……你的行动是……最后的目标是……"如此提示,并要求对方"我想借助你的智慧,请你务必尽力",说服到此地步,就能巩固对方想做的意愿。毕竟了解了情况,做起事来就容易。例如明示对方"这件事的结果是……""你下次应该这么做"等等,把自己想获得的结果具体地告诉对方,同时在明示对方的过程中,也要经常参考对方的意见,提高对方的参与意识。如此一来,才能称之为周密的说服。

(5)引导对方。

说服就是恳切地引导对方,按自己的意图办事。如果不以恳切的态度说服对方,而利用暂时的策略瞒骗对方,就无法使说服者与被说服者间有长久的和谐。当说服者暗自高兴"好了,说服成功了"时,而引起被说服者"哎呀!我上当了"的感觉,这是最拙劣的说服方法。恳切地引导对方,使对方了解与满足,这时双方的满足度各为50%,要被说服者再做10%的让步,更需要让其有这种满

让孩子一开口就招人喜欢

足感,否则被说服者便无法心服口服,彼此根本无法谈拢,这一点须特别注意。

(6)让步。

说服必须有令双方满意的结果,否则不算说服成功。换句话说,说服者必须让对方认为"哼! 这次是因为我让步,他才能成功地说服我",如此满足感,就是恳切引导的最好效果。说服者应向对方表示"真谢谢你"、"没有你的帮助我就完了"、"你如此帮我忙,我会铭记在心"等,如此表示谢意,以实际行动满足对方的虚荣心。惟有如此诚挚地表达自己,才能称得上真正的说服。

(7)建立信任的关系。

有的人在说服时,特别向对方表示亲密的态度或用甜蜜的语言与之接近,不仅无法达成说服目的,还会引起对方警戒,甚至受其轻视,所以信任非常重要。古人说:言必信,行必果。有的人用人朝前,不用人朝后,这种观念是错误的。人们不能过着自私而有自我满足的生活、只想以自己的方便操纵对方,人永远无法一意孤行。所以如果有意与人交流,保持信任的关系,是必不可少的条件。信任的关系,寓于日常生活中。只要得到他人认同,而你也自认不辜负他人时,如此就能建立信任,达到圆满的说服。做到这些,相信你将能发现说服的乐趣与效果。

12. 如何说服 5 种不同情况的人

(1)当别人生气时。

在与人的交往中,当对方因某些原因生气时,你如何解决这一问题,如何说服他呢?

开口说服他不要生气之前,第一点考虑应该是:是谁惹他生气的呢? 是自己还是别人? 确定他是对你生气,还是对别人生气。

如果他真的是对你不满,你不妨用用这句话"我真诚地向您道歉"。下面请看一个案例:

凯斯思的高尔夫球伙伴莫斯里是一位来自阿根廷的具有杰出魅力的移民,他在房屋开发行业中卓有成就。一次业余高尔夫球比赛中,在双打时另一个选手大卫心情不好。莫斯里的比赛开局良好,但是,后来击球很糟糕。凯斯思和莫斯里跑到平坦球道的侧面等着大卫击球。他在击球时错误地看高而打空了,使球只沿着跑道跑了几码远。大卫的脸色变得铁青,大发雷霆地向莫斯里走来,大声地责备他。

莫斯里是如何反应的呢? 他否认了吗? 他嘲笑他的朋友这么生气了吗?

141

他设法敷衍说"这只是一场游戏"呢,还是大声回击:"别因为你今天心情不好就拿我出气!"

这几种回答本身就会使对方更生气。而莫斯里,一位擅长劝说的人却没有这样做,他从自己的劝说语言宝库中抽出一个魔力般的表达方法。他只是真诚地说:"大卫,我的朋友,我真诚地向你道歉。"气愤从大卫身上慢慢消失,就像是水从浴缸中慢慢排出一样。

"噢,没关系,"大卫嘟囔着说,"这不是您的错。"

"我真诚地向你道歉"这句话具有如此魔力,在它真诚的攻势下,从没见过任何没有消气的人。

对付生气的人的另外一种较有效的方式,就是承认他说的问题,但要使用"我没有经验"这种方法去温和地表达自己的不同意见。请看以下案例:

乔治的老板对他大叫:"这个广告册子真是太糟糕了,乔治。如果将它刊印出来,我们就将成为别人的笑柄了!"

"我没有经验。"乔治静静地回答。

"我们不能告诉顾客我们的竞争对手卖的玉米片比我们多。否则他们就会从我们的竞争对手那儿去购买了。"

"我没有经验。"

"还有这个800电话号码,它使得消费者不停地打进电话抱怨一些事情,电话费花销要比玉米片的销售额还多,我们会破产的。"

这位老板开始消气平息了怒火。

对付生气的人切忌以好斗的语气说话。和他们说话时要保持低调,几乎是压着嗓子说:"我没有经验。"

(2)当对方产生戒备时。

说服别人最大的一个障碍就是攻克对方的心理防线,消除对方由于对你的诚意表示怀疑而产生的戒备。否则,这道防线将像一堵墙,使你的话说不到他的心里去,甚至产生反感。

那么怎样说话才能消除对方的心理防线呢?不妨用用下面的方法。

①利用同步心理话语。

什么是同步心理呢?同步心理就是,凡事想跟他人同步调、同节奏,也就是"追随潮流主义",是那种想过他人向往的生活、不愿落于潮流之后的心理。正是由于这种心理的存在,那种不顾自身财力、精力,甚至是否真心愿意而豁出去做的念头,就很容易乘虚而入,支配人们的行为,促使人们盲目做出与他人相同的举动。

让孩子一开口就招人喜欢

通常人们在受到这类刺激后就很容易变得没主见,掉入盲目附和的陷阱中。所以推销员或店员经常会搬出"大家都在用"或"有名的人也都用"等推销话语,促使人们毫不犹豫地接受。

②利用逆反心理话语。

当别人告诉你"不准看"时,你就偏偏要看,这就是一种"逆反心理"。这种欲望被禁止的程度愈强烈,它所产生的抗拒心理也就愈大。所以如果能善于利用这种心理倾向,就可以将顽固的反对者软化,使其固执的态度做一百八十度的大转变。

③利用对方的危机感话语。

在一定的条件下,每个人都会产生某种危机感,这种意识使他心生恐惧,并由此激发出强烈的要求上进的愿望。如果你能把握住他的这种危机感,就能有针对性地采用相应的对策。

在与人交流中如果你能洞悉他的内心,巧妙地刺激对方的隐衷,使他内心的想法完全暴露出来,就能找到他的危机感。这个危机感就是你说服他的一把利器。

④树立共同敌人的话语。

在说服别人时,要懂得将小的共同点扩大,树立"共同的敌人",使对方有同仇敌忾的感觉。《孙子兵法》中有"吴越同舟"这么一句话,原意是讲吴国和越国本是敌对的双方,但因同时面对魏国的威胁,在不得已的情况下,两国只好尽释前嫌,以对付共同的敌人。"吴越同舟"的故事就是由此产生的。

一旦出现了强大的共同敌人时,即使是敌对的两方,也会摇身一变而成为合作的对象。

(3)在对方产生疑惑时。

你虽然有理,但对方对你心有疑惑,这时要想说服对方改变是很不容易的。最好的办法是:只向对方说自己的看法,而由对方最后得出结论!

①说对方接受的说法。

某家用电器公司的推销员挨家挨户推销洗衣机,当他到一户人家里,看见这户人家的太太正在用洗衣机洗衣服,就忙说:"哎呀!这台洗衣机太旧了,用旧洗衣机是浪费时间的。太太,该换新的啦……"

结果,不等这位推销员说完,这位太太马上产生反感,驳斥道:"你在说什么啊!这台洗衣机很耐用的,到现在都没有出现过什么故障,新的也不见得好到哪儿去,我才不换新的呢!"

过了几天,又有一名推销员来拜访。他说:"这是台令人怀念的旧洗衣机,因为它很耐用,所以对您有很大的帮助。"

这位推销员先站在太太的立场上说出她心里想说的话,使得这位太太非常高兴,她说:"是啊!这倒是真的!我家这台洗衣机确实已经用了很久,是太旧了点儿,我倒想换台新的洗衣机!"

于是推销员马上拿出洗衣机的宣传小册子,提供给她做参考。

这种推销说服技巧,确实很有效,因为这位太太已被动摇而产生购买新洗衣机的决心。至于那位推销员是否能说服成功,无疑是可以肯定的,只不过是时间长短的问题了。

由此可见,说服也不可盲目地诱导。在说服别人之前,要努力在双方的经历、志趣等方面寻找共同点,诱发共同语言,为交际创造一个良好的氛围,进而使对方接受你的意见。但这种"套近乎"的方法也要讲求策略,否则,不看对象、时机而随便"套近乎",很可能越"套"越远。

②让对方充分了解说服的内容。

有时,你在劝说别人时,对方可能并没有完全了解说服的具体内容,就马上把你否定了;另外还有一种情形是,对方不知你说什么,却已先采取拒绝的态度;或者对方目光短浅、自以为是。这时,你一定要耐心地一项项按顺序加以说明。

对不能完全了解说服内容的人,你千万不可意气用事,而必须把自己所提建议中的重要性及其优点一一展开,让他自己去权衡利弊。无论如何,你都不能一次说不通就打退堂鼓,因为要想彻底地说服别人也需要一个语言诱导的过程。

(4)当双方争执不休时。

当交际的各方因彼此不能满足对方的条件而争执不休时,作为调解者应理解争执各方当时的心理和心情,不要轻率地厚此薄彼,以免加深各方的不满情绪。正确的做法是只强调说各方的差异(而非优劣),并对各自的优势和价值予以肯定,以此来在一程度上满足他们的自我实现心理。在这个基础上,说出适合各方的建设性意见就容易被接受了。

一次,著名相声演员侯跃文主持中央电视台《综艺大观》节目的"请您参加"。主要内容是由三个自告奋勇的家庭上台,根据所选的道具自行编排和表演节目,然后让观众打分。表演一结束,没等主持人发问,观众席上已是七嘴八舌,评哪组的都有,评比陷入困境。侯跃文灵机一动,对观众说:"到底哪组能得第一,还是让我问问他们本人吧。"随后逐个询问了三个家庭对登台演出节目的感受,并根据他们的回答宣布:第一组"谦虚"第一;第二组"勇敢"第一;第三组

让孩子一开口就招人喜欢

"团结"第一。三个组都得了"第一"。

在主持"请您参加"节目的，侯跃文清楚这一节目本身的目的其实并不在于真正分出高下，重要的是激发观众参与节目的热情。基于此种考虑，在节目出现僵持的局面时，他并没有和观众一起争论孰优孰劣，而是强调了各个小组的不同特点和优势，对各组的价值都予以肯定。最后，侯跃文提出了解决争执的建议："三个组同获第一"，结果很容易地被大家接受了。

当人们因固执己见而争执不休时，造成僵持局面难以缓和的原因往往已不是双方的观点本身，而是彼此的争胜情绪和较劲心理。事实上，对某一问题的看法本身常常并不是一成不变的，随着环境的变化，角度的转移，不同乃至对立的观点都可能是正确的。因此，在打圆场时可以抓住这一点，帮助争执双方灵活地分析问题，使他们认识到彼此观点的相对性和兼容性，进而停止无谓的争执。

（5）面对犹豫踌躇的人时。

面对犹豫踌躇的人，与他们沟通时，经常需要提出你的意见，甚至替他们做决定。此时，明确地说出答案可以当成说服的手段。

例如，在服饰店镜子前比划许久的女士，常为买这件或那件而伤脑筋时，销售小姐如果能具体地提出意见："长裙能表现出飘逸的美感，牛仔裤呈现潇洒的帅气。"往往能促使顾客做决定。倘若仍无法选择时，不妨再告诉她："你身材修长，穿牛仔裤更合适。"顾客一觉醒就会买下，这是高明的销售手法。

用简单而又令人惊讶的"断定法"来操纵对方，往往会收到立竿见影的效果。例如，某男对自己心仪已久的女子说："除了我以外，再也无人能让你幸福，只有我才最适合你。"老练的刑警在审讯犯人时，会在语气中偶尔插入这样的话："你迟早要说出真相！落在我手上的人，没有一个能隐瞒住真相！"这位刑警重复地将这个信息灌输到犯人的脑海中，让他在无形中产生一种"我一定躲不过"的印象，而最终吐露实情。

另外一种促使对方下决心的方法是给人以绝处逢生感。

在说服的时候，如果仅指出对方的做法所产生的恶劣后果，就会使他因绝望而放弃自己的想法。相反，如果你在对方泄气的时候，给他指明一条出路，他肯定会十分高兴地采纳。

13. 说服上司赞同你的观点

相处久了，谁没与上司发生过争执呢？如能有效地把你与上司不同的看法表达出来,对你的工作和前途将产生深远的影响。

如果你想说服上司赞同你的观点,请从以下几方面着手:

(1)察言观色,瞄准时机。

在向上司提出异议之前,先向上司的秘书打听一下上司的心情如何。如果他心情不佳,情绪消沉或愤怒,就趁早打消念头。

即使不求助于上司的秘书,你也可以找其他窍门,比如向同事了解或者自己察言观色,见机行事。上司公务缠身,忙得团团转时,不要打扰他;午饭时间已到,他却仍在忙于公事,不要打扰他;休假前夕或度假刚返回时,不要打扰他。

(2)心平气和,娓娓道来。

心理学家史密斯是专门教人如何去争取增资晋级的。他这样说:"如果你气势汹汹,只会硬碰硬,使你的上司也跟着大发雷霆,于问题的解决没有丝毫益处,所以,首先要做到心平气和。"

此外,不要借机把你积累的不满一古脑儿全发泄出来。一家文具公司董事长说:"如果一个雇员看上去对公司的一切都消极不满,抱怨不休,那上司就会觉得,要叫这位雇员满意是难乎其难,甚至会进一步认为,这位雇员也许该另觅高就。"

(3)说清问题,亮明观点。

有些剧烈争执的发生,是由于上司和下属互相并不明白对方心里在想些什么。有时,问题一旦讲明,争执也就自然消失。雇员必须把自己的观点讲得简单明了,以便上司能够理解。

克莱尔在纽约市财政局长手下办事多年,很少与上司发生争执。但是,当认为重要的事情遭到局长否决时,她就把自己的观点写在纸条上,请上司考虑。后来,她说:"这种做法,有助于说明问题,而且也很有效。"

(4)提出建议,取得认可。

一般情况下,做上司的要考虑的事情很多,已经够他应付的了。因此,如果做下属的不能提出行之有效的解决办法,至少也应提出怎样处理问题的建议。千万不要只提问题,不提供一些建议。纽约大学医学中心的精神病学副教授诺曼这样警告职场中的办公人员:"那些在上司面前只知道提问题、挑毛病而不附加任何建议的人很快就会发现,他们常会受到上司秘书的阻拦。"诺曼继续解释道:"尽管上司也许不能说出你的不是,但是他会发现,每次你去找他,他总会感到心情不快,久而久之,你就别想再进去见他了。"

(5)设身处地,为人着想。

要想成功地与上司交往,了解他的奋斗目标和工作中的酸甜苦辣是极为重要的。假如你能把自己看做上司的搭档而不是对手，能设身处地地替他着想，那么，他也会自然而然地乐于帮你的忙。

一次，某电影公司一位程序设计员和他的上司进行激烈的争辩。当时，为了某个软件的设计问题，双方僵持不下，谁也说服不了对方。旁边有人建议他们互换一下角色，以对方的立场再进行争辩。五分钟之后，他们便发现自己的行为有多么可笑，两个人都不禁大笑起来，接着，很快便找出了解决问题的办法。

你要牢记，无论如何，你的一切都操纵在上司手中。假如面红耳赤地辩论过火，形成僵局，也许会产生更坏的结果。因此，与上司辩论要聪明识相一点，牢记于心，不打无准备、无把握之仗。

让孩子一开口就招人喜欢

第八章 随机应变的言语智慧

1. 机智地自我解嘲

生活中常遇到如下情况:你好心帮助人办事,反被人埋怨办糟了;你去接电话,电话里的无名氏无端羞辱你一顿;别人的自行车撞倒你,对方却破口大骂。面对此情此景,该怎么办呢? 成功人士的巧妙做法是自我解嘲,即自嘲。

所谓自嘲,就是自己嘲讽自己,它是一个人心境太平的表现。它能制造宽松和谐的交谈气氛,能使自己活得轻松洒脱,使人感到你的可爱和人情味,从而改变对你的看法。适时适度的自嘲会收到妙趣横生、意味深长的效果。

在一次盛大招待宴会上,服务生不慎将酒洒到了一位宾客的秃头上。服务生吓得不知所措,在场人也目瞪口呆。而这位宾客却微笑着说:"老弟,你以为这种治疗方法会有效吗?"这句自嘲的话使全场人闻声大笑,尴尬场面即刻打破了。借助自嘲,这位宾客既展示了自己的大度胸怀,又维护了自我尊严,消除了挫折感。

以下是自嘲产生的积极效果:

(1)摆脱窘境。

在交谈中,当对方有意或无意地触犯了你,把你置于尴尬境地时,借助自嘲摆脱窘境,是一种恰当的选择。

20世纪50年代初,美国总统杜鲁门会见十分傲慢的麦克阿瑟将军。会见中,麦克阿瑟拿出烟斗,装上烟丝,把烟斗叼在嘴里,取下火柴。当他准备划燃火柴时,停下来对杜鲁门说:"抽烟,你不会介意吧?"

显然,这不是真心征求意见,在他已经做好抽烟准备的情况下,如果对方说他介意,那就会显得粗鲁和霸道。这种缺少礼貌的傲慢言行使杜鲁门有些难堪。然而,他看了麦克阿瑟一眼,自嘲道:"抽吧,将军,别人喷到我脸上的烟雾,要比喷在任何一个美国人脸上的烟雾都多。"

由此可见,当令人难堪的事实已经发生,运用自嘲,能使你的自尊心通过自我排解的方式受到保护,并且,还能体现出你的大度胸怀。

(2)解决难题。

让孩子一开口就招人喜欢

广东一家蔬菜公司的副科长到郊区调运鲜菜,卖方想趁机捞一把,索价很高,双方僵持不下。眼看城里市场蔬菜供应严重不足,快要脱销,心急如焚的科长却摆出一副泰然自若的样子,充分使用公关艺术中的幽默法来解嘲:"其实,你们把我看高了。我不过是个小科长,还是副的,我手里能有多大的决定权?再说,夏天这么热,我花大价钱买一堆烂菜帮子回去,能担当得起亏损的责任吗?"卖主们听了他的这番话,望望酷暑的太阳,知道蔬菜多积压一天将腐烂不少,不禁大为泄气,动摇了索要高价的决心。并且,卖主对科长的"苦衷"与"难处"还产生某种同情心,开始妥协。最后终于降低了菜价,达成了协议,该科长则顺利完成了蔬菜调运任务。

　　(3)宽慰自己。

　　人们在有些时候因某些事不尽人意而烦恼和苦闷,运用自嘲,既可宽慰自己,又能让人刮目相看,一举两得。

　　1958 年,马寅初的《新人口论》问世不久,便遭到陈伯达之流的点名批判。有人愤愤不平地对马老说:你的逆耳忠言,竟遭人泼冷水。马老风趣地回答说:"我最不怕冷水的,近 50 年来,我洗惯了冷水澡,天天洗,一日洗两次,冬夏不分。因此,冷水对我来说非但无害,反而有益健康。"

　　(4)融洽气氛。

　　钢琴家波奇是一位幽默家。有一天他到美国密执安州福林特城演奏,开场前发现上座率很低,不到五成。他虽然很失望,但并没有因此影响自己的情绪。为使场内观众不感到空寂,他便走向舞台的脚灯,笑着对观众说:"福林特这个城市的人们一定很有钱,因为我看到你们每个人都买了两三个座位的票。"立刻,空荡的剧场被笑声充满了,为他的演奏做了情绪铺垫。

　　(5)消除尴尬。

　　置身于难堪境地时,如果过分掩饰自己的失态,反而会弄巧成拙,使自己越发尴尬。而以漫不经心,自我解嘲的口吻说几句取悦于人的话,却可以活跃气氛、消除尴尬。

　　作家杰斯塔尔是个大胖子,他却不以胖为耻。他对朋友自嘲说:"我是个比别人亲切三倍的男人,每当我在车上让座给女人时,我的一个座位中可以坐下三个人。"轻松愉快的自嘲,正是杰斯塔尔信心十足的有力表现。

　　(6)增添情趣。

　　美国文学家欧文年轻时常向人们吹嘘自己是位好猎手,沾沾自喜地谈论自己高明的枪法。一天,他同朋友去打猎,朋友指着河里一只野鸭请他开枪。欧文瞄了一下扣动扳机,但没有打中,野鸭飞走了。朋友感到难为情,他却毫不介

149

意,对朋友说:"真怪! 我还是第一次看到死鸭子能飞。"

这是一句自嘲的话,多么巧妙,多么有趣。正是这句话,欧文才给自己解脱了窘境。

(7)增加人情味。

笑自己的长相,或笑自己做得不很漂亮的事情,会使我们变得较有人情味,并给人一种和蔼可亲的感觉。

一次,陈毅到亲戚家过中秋节。进门发现一本好书,便专心读起来,边读边用毛笔批点,主人几次催他去吃饭,他不去,就把糍粑和糖端来。他边读边吃,竟把糍粑伸到砚台里蘸上墨汁直往嘴里送。亲戚们见了,捧腹大笑。他却说:"吃点墨水没关系,我正觉得自己肚子里墨水太少哩!"人们尊敬陈毅,或许和他的这种豁达、幽默的禀性有关系吧!

在社交场合中,自嘲是不可多得的灵丹妙药,别的招不灵时,不妨拿自己来开涮,至少自己骂自己是安全的,除非你指桑骂槐,一般不会讨人嫌,智者的金科玉律便是:不论你想怎样笑别人,先笑你自己。

2. 恰当地使用模糊语言

模糊应对的核心是恰当地使用模糊语言,从而使自己有一定的灵活性,力避被动,争取主动。词语"方便"、"最近"、"大约"、"前后"等即是模糊语言。比如,朋友邀你去他家做客,你自己无法确定具体时间,就可以说"大约在中秋节前后,我一定去一趟",这样很灵活,可以在中秋节前,也可以在中秋节后。又如有的单位领导为了纠正某种不良倾向,又不至于使矛盾激化,便使用模糊语言说:"最近一个时期,我们单位的纪律状况总的看来是好的,绝大多数同志比较自觉,但也有极个别同志表现较差……"这里,最近、绝大多数、极个别就是模糊语言。

有一次,希特勒问占星学家:"我将在哪一天死去?"

占星学家对照图像算了一下,很有把握地说:"你将在犹太人的节日那天死去。"

"究竟在哪一天呢?"

"噢,不管你哪一天死去,这一天都是犹太人的节日。"

模糊应对,是一种权宜之计。使用此法时,只能表面模糊,内心应十分清楚,因此,要做到心中有数。

使用模糊语言还要注意语言环境。在不该用的地方用了模糊语言,那就会影响效果。

如有一青年到某工厂找人，未经门卫同意就径直往厂里跑。门卫拦住他，问："你找谁？"他说："我找人！"问："找什么人？"答："找人就是找人！"门卫火了，说："我就是人！你要找没名没姓的人没有！"为此，两人吵开了。这位青年乱用模糊语言"人"，激怒了门卫，结果事没办成。

模糊应对带来以下的效果：

（1）严守秘密。

1945 年美国在日本投下了两颗原子弹后，美国新闻界一个突出的话题是猜测苏联有没有原子弹以及有多少颗。当苏联外长莫洛托夫率代表团访问美国时，在下榻的宾馆门前被一群美国记者包围，有记者问莫洛托夫："苏联有多少原子弹？"莫洛托夫用了一个简单的英语单词来回答这个问题。这个单词是："足够！""足够"这一模糊概念，既可以回避有多少颗原子弹这个在当时不便公开的秘密，又表达了苏联人民的自尊和力量。这样的回答言简意赅，恰到好处。

（2）化解矛盾。

清代著名书法家何绍基在京做官时，收到一封家书。家里人告诉他，家里为争执三尺宽的屋场地基，与邻居争执不休，要求何绍基出面帮助家里打赢这场官司。何绍基看完家书，淡然一笑，提笔写了一首诗叫人送回去。诗曰："千里家书只为墙，让人三尺又何妨？万里长城今犹在，不见当年秦始皇！"家里读诗后，就主动让出地基，与邻居又和好如初。

（3）消除猜疑。

东汉末年，司徒王允以做生日设宴为名，秘密和朝臣商议，安排曹操前去刺杀专权的董卓。第二天，曹操佩带宝刀前去丞相府，径自来到小阁，只见董卓坐在床上，吕布侍立在旁。聊一会儿，吕布出去了，曹操看到时机已到，急忙把宝刀从腰际抽出，正待要杀，不想董卓在床上穿衣镜内看见曹操在背后动刀，急忙转身道："你要干什么？"这时，吕布已经往回赶，快到小阁楼了。曹操急中生智，双手捧着刀跪在床前道："我有宝刀一把，今天献与丞相，以报答您的恩德。"

董卓接过一看，只见它长一尺有余，刀背用七种颜色的宝石嵌入做装饰，既锋利又珍贵，果然是一把世间罕见的宝刀。董卓高兴地收下，交给吕布保管，曹操便把刀鞘也解下交出，然后急匆匆告辞而去。因为他知道久留此地，必然会露出破绽，招来杀身之祸。

（4）摆脱困境。

模糊应对的妙用在于其答所不能答，在进退两难的窘境中得以进退自如。

南齐时，有个书法家王僧虔，是晋代王羲之的四世族孙，他的行书楷书继承

让孩子一开口就招人喜欢

祖法,造诣颇深。当时,南齐太祖萧道成也擅长书法,而且自命不凡,不乐意自己的书法逊于臣子。一天,萧道成提出与王僧虔比试书法。写毕,萧道成傲然问王僧虔说:"你评一评,咱俩谁第一,谁第二?"王僧虔既不愿贬低自己,又不愿得罪皇帝,略思片刻后说:"臣的书法,人臣中第一;陛下的书法,皇帝中第一。"萧道成听了这番语意不明确的模糊话,只好一笑了之。

模糊应对就是这样,它在应对刁难时,令人捉摸不透说者话语中的真正内涵。它总是给人似是而非,雾里看花的印象。同时由于模糊,使得语言具有伸缩性、变通性,当遇到在一定条件下很难解决的问题时,变不可能为可能,使不可容的问题变得相容和一致。

(5)挣脱纠缠。

德国作曲家翰内斯·勃拉姆斯参加一个晚会。不曾想,晚会上他遭到一群女人的包围,他边礼貌地应付,边想解脱的办法。忽然他心生一计,点燃了一支粗大的雪茄。不多久,他与那群女人便被一团团淡紫色的烟雾包围了。很快,有几个女人咳嗽起来,勃拉姆斯照样泰然地抽他的雪茄。终于有人忍不住了,对勃拉姆斯说:"先生,你不该在女人面前抽烟啊!""不,我想,有天使的地方不该没有祥云!"勃拉姆斯微笑着回答。包围他的女人们只得离开。就这样,勃拉姆斯用模糊的语言使自己从无奈的纠缠中解脱了出来。

(6)留有余地。

避开实质性的问题,故意用模棱两可的语言做出具有弹性的回答,既无懈可击,又为以后说话办事留有余地。第24届奥运会在汉城举行,第二批中国奥运代表到达汉城时,记者纷纷问带队的李梦华:"中国能拿几块金牌?""中国能超过朝鲜吗?"李梦华答道:"10月2日以后,你们肯定能知道。"记者又问:"中国的新华社曾预测能拿8至11枚金牌,你认为客观吗?"李梦华回答得很巧妙:"中国有充分的言论自由,记者怎么想,就可以怎么写。"赛场风云突变,谁也无法做出准确的判断,李梦华的模糊回答留有余地。

(7)保护隐私。

一次,我国一位领导人在印度总统府举行记者招待会。会上有位女记者问他:"您已是62岁的老人,看上去气色却异常好,您如何注意自己的身体健康?是否经常运动,或者有特别饮食?"

这位领导回答说:"谢谢你,我是一个东方人,我是按东方人生活方式生活的。"

显然,这位领导必须回答这个记者的刁难提问,但又不可能也没有必要将自己的饮食起居规律告诉对方,于是用模糊语言进行回答,保护了隐私。

3. 紧急时刻转换话题

与人交谈,有时难免遇到一些自己不愿回答的问题,或一些尴尬的场面,这时就需要转换话题,摆脱不利局面。

转换话题时有两点应引起重视:一是要自然,就是指转换的话题要与原来的话题连得上,说得通。二是要及时,就是在对方话题尚未充分展开之前,就以新的话题取而代之,使对方在不知不觉中离开原来的话题,将注意中心转移到新话题上去。

说话时要就场合的不同而转换话题。

(1)冷场时转换话题。

在说话中,或由于时间、环境的原因,或由于内容、方法的原因引不起听众兴趣,会场上出现困倦、溜号、交头接耳,甚至开小会的不利局面。此时切不可一意孤行地讲下去,而是要根据具体情况,采取应急措施。比如由于时间的原因,听众困倦了,那就讲一个既富有寓意又紧扣主题的、生动有趣的故事,便可以振奋听众精神,引起听众的兴趣和注意。如果听众有些懒散了,精神不集中了,可设置一些悬念,激发听众的兴趣,调动听众的情绪,也可以用提问的办法,如"这是为什么呢""这个问题得怎么解决呢",促使听众产生积极的思维活动,引起听众的兴趣,也还可以提高声音,突然短暂地停讲或显出十分活跃的神情等等,都有助于解决问题。

(2)危急时转换话题。

在交谈中出现危急状态时,应立即转换话题。可以根据当时的情景、身边的物品等为话题去转换,但必须做到"巧"。例如,三国时,曹操与刘备饮酒。曹操以手指刘备,后自指,曰:"今天下英雄,惟使君与操耳!"刘备闻言,立时一惊,手中所持箸不觉落于地上。时正值大雨将至,雷声大作。刘备乃从容俯首拾箸曰:"一震之威,乃至于此。"将闻言失箸之态,轻轻掩饰过了。操遂不疑刘备。刘备在惊慌落箸之后,机敏地巧用天气变化,把谁是英雄的话题岔开,转移了曹操的注意力,才化险为夷。

(3)为达到目的转换话题。

在交谈中,为了达到一定的目的,可以以假乱真,真真假假,虚虚实实,巧妙地转换话题。楚汉战争期间,刘邦屡次被项羽打败,兵败被困荣阳,处境危在旦夕。而恰在这时,刘邦的部下韩信在北线却捷报频传。随着军事上的节节胜利,韩信的政治野心也逐渐膨胀起来。他派人面见刘邦,要求封自己为齐王。

153

刘邦一听,便怒不可遏,当着信使的面斥责道:"我久困于此,日夜盼望韩信前来相助,想不到他竟要自立为王!"

当时,张良正坐在刘邦身边,急忙用脚轻轻踢了刘邦一下,附耳说道:"汉军刚刚失利,大王有力量阻止韩信称王吗?不如顺水推舟答应他,使其自守,否则将产生意外之变。"刘邦立即心领神会,感到前言有失,便话锋一转,改口骂道:"大丈夫既定诸侯,就要做个真王,何必要做假王!"

不久,刘邦派张良作为专使,为韩信授印册封。刘邦不动声色地稳住了韩信,为汉军日后十面埋伏,击败项羽做了组织准备。如果当时不转换话题,而被信使将原话带给韩信,说不定会为此事与韩信闹翻,后果将不堪设想。

(4)受到嘲讽时转换话题。

见风转舵,在于"察言观色",密切注意对方在心理上、表情上、语调上的各种微妙变化,即看他们刮的是什么"风",才能"对症下药",调整对策,及时地、顺当地把"舵"转过来。

蒲松龄身着布衣应邀去一个有钱人家赴宴。席上,一个穿绸挂缎的矮胖子阴阳怪气地说:"久闻蒲先生文才出众,怎么老不见先生金榜题名呢?"

蒲松龄微微一笑说:"对功名我已心灰意冷,最近我弃笔从商了。"

另一个绫缎裹身的瘦高个故意装出吃惊的样子说:"经商可是挺赚钱的。可蒲先生为何衣着平平,是不是亏了本?"

蒲松龄叹口气说:"大人说得不错,我最近跑了趟登州,碰上有人从南洋进来一批象牙,大都是用绫缎包裹,也有用粗布包的,我原认为,绫缎包的总会名贵些吧,就多要了些,只要了少许粗布包的。谁知带回来一看,咳!绫缎包的竟是狗骨头,粗布包的倒是象牙。"

权贵们听后心照不宣,个个默默无言。

根据对方的情绪变化和心理变化,迅速改变自己说话的态度或语调,调整自己的情绪,修正自己的话题内容或另换话题,变换表达方式,对自己的话语重新组织调整,这样就能有效地控制论辩的进程,避免陷于被动局面,变不利因素为有利因素,掌握主动,达到妙"口"回春的效果。

4. 巧妙应变的方法

国外一旅馆老板测试3名男性应试者,问:"假如你无意推开房门,看见女客正在淋浴,而她也看见你了,这时你该怎么办?"

甲答:"说声'对不起'然后关门退出。"无称呼,虽简洁,但不符合侍者的职业要求,而且也没使双方摆脱窘境。

乙答:"说声'对不起,小姐'。然后关门退出。"称呼准确但不合适,反而加深了旅客的窘迫感。

丙答:"说声'对不起,先生'。然后关门退出。"

结果,丙被录用了。为什么呢?因为他的这种随机应变的说话技巧,维护了旅客的体面,异常得体,机智,表现出一个侍者所应该具有的职业素质和应变能力。

巧妙地随机应变有以下6种方法:

(1)示错法。

示错法是成功说话的技巧之一。人们说话交谈,总是尽量避免出现差错。可是,在某些情况下,有意地念错字,用错词语,却有神奇的功效,能丰富语言的表现力,使人的谈吐生辉。当年在美国主办《中西日报》的伍磐昭在一次演讲中谈到袁世凯,他说:"袁世凯生平只做了一件大利大益于中国的事。"听者愕然,急于想知道是何事。他这才回答说这件大利大益于中国的事:"即是他死了——绝对的死了,很合时宜的死了。"很合适宜的死了,这一妙语,使在座的人都会意地笑了。

(2)谐音法。

说话时巧用谐音法,可以化平淡为神奇,取得出人意料的戏剧性效果。谐音法的运用大致有几种形式:

①谐音表态。

利用交谈语言中某个字的谐音关系,可委婉地表明自己对某件事的态度。

清人郑板桥在潍县做县令时,逮捕了一个绰号"地头蛇"的恶棍。恶棍的伯父和舅舅因为与郑板桥是同科进士,便带着酒菜连夜登门求情。在酒席上,进士提出要行个酒令,并拿起一个刻有"清"官的骨牌,一字一板地吟道:"有水念作清,无水也念青,无水添心便念精。"郑板桥更正道:"兄弟差矣,无水添心当念情。"进士听了大喜。郑板桥猛然感到中了计,紧接着大声说道:"酒精换心方讲情,此处自古当讲清。老郑身为七品令,不认酒精但认清。"那两人见状,只好告辞。

这里,这位进士巧用谐音求情,而郑板桥却妙用谐音变化,表明了为官一身清、决不徇私的态度。

②谐音转换。

这是指用关键字的谐音转换成另一个意义的词语,用新的语意掩盖原来的语意。

155

1772年，乾隆皇帝为安排谁来主持编纂《四库全书》而犯愁。大学士刘统勋向他推荐了远在新疆的纪晓岚。于是，乾隆连下三道圣旨，召纪晓岚到京。第二天上朝，乾隆叫过纪晓岚说："纪爱卿，朕欲与你戏对一联，不知你这几年在新疆这联对功夫是否有长进？"纪晓岚明白皇上又在找借口考他，便说："臣遵旨。"

"好！朕说'两碟豆'。"乾隆开口了。

"我说'一瓯油'。"纪晓岚紧紧跟上。

"朕说'林间两蝶斗'。"乾隆利用谐音偷换了概念。

"我说'水上一鸥游'。"纪晓岚如法炮制。

"人云'江南多山多水多才子'。"乾隆又抛出一个话题。

纪晓岚立即识破乾隆的企图，略一思索，接口便说："我说'北国一天一地一圣人'。"

乾隆一听，呵呵大笑，立即授予纪晓岚《四库全书》总纂官。

③谐音讽刺。

运用谐音法，可对不便明说的丑恶现象和人物进行讽刺嘲弄。

宋朝时有个人喜欢咬文嚼字，动不动还吟诗作赋。后来他听说欧阳修以诗文著名，心中很不服气，就想去看个究竟。走到半路上，他看见一棵死树，诗兴大发，吟了两句："门前一古树，两股大枝丫。"想再吟下去，却想不出词儿来了。正巧，欧阳修从后边来了，就替他续了两句："春至苔为叶，冬来雪是花。"这人回头一看，见是个老头，就说："老伙计，想不到你也会做诗，那我们一起去拜访一下欧阳修，看他有多大能耐。"于是他们便一同上了路，在一条河堤边正好有一群鸭子跳进水里，那人便吟道："一群好鸭婆，一同跳下河。"欧阳修听了，便又续了两句："白毛浮绿水，红掌拨清波。"后来他们一同渡河，这人在舱里又做起诗来："两人同登舟，去访欧阳修。"欧阳修便又帮他续上了两句："修已知道你，你还不知修（羞）。"

④谐音还击。

运用谐音法，可以对某些不恭的言行给以巧妙还击。

唐玄宗的宠臣杨国忠，嫉恨李白之才，总是想奚落他一番。传说某一日，杨国忠想出一个办法，约李白去对三步句。李白一进门，杨国忠便道："两猿截木山中，观猴儿如何对锯？""锯"谐"句"，"猴儿"暗指李白。李白听了，微微一笑，说："请宰相起步，三步内对不上，算我输。"杨国忠想赶快走完三步，但刚跨出一步，李白便指着杨国忠的脚喊道："匹马陷身泥里，看畜生怎样出蹄！""蹄"谐"题"，与上联对得很工整。杨国忠本想占便宜，却反被李白羞辱了一顿，刚抬脚就被讥为"畜生出蹄",弄得十分尴尬。

⑤谐音批评。

在特殊情况下,不愿明言指责,运用谐音法可达到委婉批评的效果。蒋子龙的小说《人事厂长》中,对于"评奖",有这么几句顺口溜:"评奖评奖,无人开腔;评奖评奖,越评越僵;评奖评奖,轮流坐庄;评奖评奖,变成平奖。"最后一句中的"评奖"与"平奖"是谐音,作者之所以这么用,是为了显示评奖搞得不合理,搞成平均主义的大锅饭了。这两个谐音的词语用得巧妙极了。

⑥谐音劝导。

生活中总会发生这样或那样的纠纷、不愉快的事,如果用谐音法就能和谐人际关系。

某山村住着一户姓黄的人家,黄老伯十分迷信,把一时出现的困难都归结到风水不好,常常埋怨道:"我东邻姓陈,西舍姓陈,我家怎经得住'沉沉'的东西左右夹击呀!"于是,他想把别人轰走,借故经常跟邻居闹矛盾和冲突。后来实在轰不走,就骂骂咧咧想自己搬走。许多人相劝都无济于事,幸好有位巧嘴的农妇才把他劝住。那农妇是这么劝他的:"你老别怪侄媳妇多嘴——你咋傻了呢?要是我呀,杀头也不挪开这福窝儿!"一句话,说得老汉愣了。那妇女接着说:"你说东邻是陈,西邻也是陈,你可知道他们是什么'陈'呀?"老汉一时答不上。"我说啊,那是文臣武将的'臣',你老左有文'臣',右有武'臣',保护着你这个'黄'(皇)帝。只要你大人有大量,好日子还在后头呢,放心过吧!"黄老伯听她一解释,心里乐开了花,就高兴地接受了她的意见。

(3)点化法。

宋代《过庭录》记载:滑稽才子孙山和一个同乡的儿子一起去考举人,孙山考中了最末一名。孙山回家以后,这个同乡就问孙山,他的儿子考中了没有,孙山不直截了当地回答,而是仿照欧阳修的词《踏莎行》中"平芜尽处是春山,行人更在春山外"的句子,念了这样两句诗:"解名尽处是孙山,贤郎更在孙山外。"意思是说:"你的儿子没有考中。"从此以后,人们就把榜上无名说为"名落孙山"。

在这里,孙山的回答就使用了"点化"这种修辞方法,他把欧阳修词中的句子巧妙地加以改造,委婉而风趣地表达了自己的意思。

所谓点化法,就是根据语言表达的需要,对别人的话或诗词句子、格言谚语、寓言典故等进行加工改造,从而翻出新意,为己所用。在口语交际中,点化法是一种运用广泛的艺术效果。在实际运用中点化法主要有以下4种表达方式:

①触类旁通。

这种方式是指改变原话的逻辑形式,而进行类推式的模仿。例如,毛主席在谈到有些同志为评级而哭鼻子时,引用了古典诗词的"男儿有泪不轻弹,只是未到评级时",善意地批评了那种把个人利益看得高于一切的同志。再如,教师在教学中,向学生谈到培养口才必须以渊博的学识为基础时,这样说道:"诗圣杜甫说:'读书破万卷,下笔如有神。'我们要培养口才也应读书,读好书。同样只有'读书破万卷',才能'开口如悬河'。"老师对杜甫的诗句进行了触类旁通的类推仿拟,有助于学生对问题的理解。

②反意而用。

此法即是对原话反其意而用之,翻出新意,使表达的思想更深刻隽永。例如,大学女生周怡在《要事业,也要生活》的演讲中,以饱满的激情阐述了女大学生要有志气,有能力,既要事业,又要生活。演讲的最后一句话是:"同伴们,我们走自己的路;弱者,你的名字不叫女人!"最末一句话正是点化了莎士比亚《哈姆雷特》中的名言:"脆弱啊,你的名字叫女人。"周怡在这里反其意而用之,反映出新时代的女性敢于向传统习惯势力挑战,具有昂扬奋发、自强不息的进取精神。从语言表达上来看也显得简洁有力,警世动人,同时又富有情趣。

③点石成金。

此法适用于论辩中把论敌奚落自己的话,巧妙地加以改造,然后拿去回敬对方,以其人之道,还治其人之身。例如:周总理在南京与国民党反动派谈判,没几个回合,就把敌人的谬论驳得体无完肤。国民党代表恼羞成怒,声嘶力竭地说什么同共产党代表论战是"对牛弹琴"。周总理淡淡一笑,慢条斯理地接过话头,说道:"对……牛弹琴。"他在"对"字后面做了很大的停顿,这样就把敌人的叫嚣比喻为"牛弹琴"。周总理略施小技,点石成金,敌为我用,以毒攻毒,堪称绝妙反击。

④推陈出新。

有时对某些已经陈旧的寓言典故进行加工改造,挖掘出具有现实意义的新意,化腐朽为神奇,推陈出新,可以使谈话别开生面。例如,1958 年 1 月上旬,毛主席在杭州同上海的几位学者深夜长谈,当谈到宋玉的《登徒子好色赋》时,毛主席不禁幽默地说:"登徒子娶了一个丑媳妇,但是登徒子始终对他忠贞不一,他是模范地遵守婚姻法的,宋玉却说他好色,宋玉用的就是攻其一点,不及其余的方法。"在这里,毛主席为登徒子翻了案,指出登徒子对爱情的态度,是值得今天的人们学习的,使这个陈腐的故事具有了新意,也使谈话妙趣横生。

总之,在说话时妙用点化法,可以使谈吐更新颖隽永,文雅风趣,词锋犀利深刻。它可以像神话传说中吕洞宾的"点金术"一样,增添说话的艺术魅力。

(4)颠倒法。

颠倒词序法可以增强语意,使交谈语言更加深刻。颠倒词序,可以改变语意,使交谈朝着有利的方向发展。曾国藩在镇压太平天国时,几遭挫折,连连失败。他打算请求皇上增援军队,于是就草拟了奏章,作为面奏时的"腹稿",其中讲到战绩时,不得不承认"屡战屡败"。一位师爷看了这个奏章后,觉得不妥,他在"屡战屡败"前苦思良久,猝然灵机一动,将"战"与"败"两字调换一下位置,这样"屡战屡败"变成"屡败屡战",从而使这句话的意思起了实质性的变化。"屡战屡败"表现为无能;"屡败屡战"却表现为无限英勇。次日,皇上听了曾国藩面奏"臣屡败屡战"一语后,果然龙颜大悦,认为他在失败面前斗志不灭、百折不挠,从此他福星高照,形象大好,连连受到皇上恩泽。

实践表明,在一定的情况下,采用颠倒词序的方法,能更好地表达人们所要表达的内容。萧伯纳访问上海时有这样一个趣闻,上海那几天天气一直十分阴晦,林语堂先生陪着萧伯纳在花园里散步时,天气开晴了,清凉的阳光照在他们身上,林语堂先生说:"萧先生,您福气真大,可以在上海看见太阳。"萧伯纳却说:"不,是太阳的福气,可以在上海看见萧伯纳。"

(5)顺势牵连。

顺势牵连也是一种应变方法。山东蓬莱一位导游员为8位日本客人导游,当讲完"八仙过海"的故事后,一位日本客人问:"八仙过海漂到哪里去了?"这是一个难题,没有人考证过。导游一见眼前的8位日本客人,突然灵机一动,答道:"我想,为发展中日两国人民的友谊,八仙过海东渡到日本去了吧!"日本客人一听,高兴得笑起来。导游的回答巧妙地把眼前的情景、巧合的数字(八仙过海,8位客人)顺着客人的问话和中日两国人民的友谊,自然地连了起来。

顺势牵连的应急艺术,确能有效地使人从困境中摆脱出来,但是,必须注意,"牵"得要自然,"连"得要巧妙,不能牵强附会,否则会弄巧成拙。

(6)诱问。

诱问,是为了紧紧吸引对方思考自己的问题,诱导对方接受自己的观点,或引出对方藏而不露的观点,而故意向对方提问的一种问话技巧。孟子在批评齐宣王不会治理国家时,就采用了诱问的技巧。孟子见到齐宣王,谈话间提出3个问题:"假如您有一个臣子,把妻室儿女托付给朋友照顾,自己到楚国去了。等您回来时,您的妻室儿女在挨饿受冻,对这样的朋友,该怎么办呢?"齐宣王答道:"那就与他绝交吧。"孟子又问:"若是一位身任士师的长官,不能好好地管理他的部下,那该怎么办呢?""那就把他撤职了吧。"孟子再问:"那么,假如是一位国君,不能好好地治理国家,那又该怎么办呢?"这一问,问得齐宣王不好回答，只好支支吾吾，闲扯些其他事来摆脱窘境。

孟子说话技巧之高超在于，他不是先提第三个问题，而是先假设两个问题，以前两问作为铺垫，诱导齐宣王做出肯定的回答，最后提出应该怎样处置不会管理国家的君主。齐宣王引火烧身，苦于应对，只好"顾左右而言他"。如果齐宣王对第三个问题做否定的回答，那么实际上是对自己前面肯定回答的否定，岂不是自己打自己的嘴巴！

所以，诱问是一种锐利的武器，运用得巧妙，能紧紧牵住对方的"鼻子"，使其就范。

5. 与无理取闹者周旋的技巧

我们难免会碰到一些无理取闹的事情。你对某人的不良或错误行为进行直接责备，他却反过来与你顶撞，这时就要有良好的语言应变能力。如在一外国球场里，一个大学生的视线完全被前面年轻妇女的帽子挡住了，于是他对她说："请您摘下帽子。"可妇女连头也不回。

"请您摘下帽子。"大学生气冲冲地重复一遍，"为了这个位子，我破费了15欧元，却什么也看不见！""为了这顶帽子，我破费了115欧元。我要让所有的人都看它。"年轻的妇女说完，一动也不动地坐着。她违反公共道德，却反而振振有词地反驳大学生的正常干预，让人哭笑不得。

碰到这种无理行为，你怎么办？许多人常常大发一通怒火，大骂一顿无赖，可到头来，对方还是振振有词，头头是道，"理由"充足得很。你自己倒气得手脚发颤，只会说："岂有此理，岂有此理。"

那么，应该怎样说话，才能反击这种无理的行为，使对方觉得理屈词穷、无言以对呢？有4点值得注意：

（1）情绪平和。

遇到无理的行为，首先要做到的就是不要激动，要控制情绪。这个时候的心境平和，对反击对方有重要作用：一是表现自己的涵养与气量，以"骤然临之而不惊，无故加之而不怒"的大丈夫气概在气势上镇住对方，如一下子就犯颜动怒，变脸作色，这不是勇敢的行为。古人曰："匹夫见辱，拔剑而起，挺身而斗，此不足为勇也。"对方对此不但不会惧怕，反而会对你的失态感到得意。二是能够冷静地考虑对策，只有平静情绪，才能从容选出最佳对策，否则人都弄糊涂了，就可能做出莽撞之举来，更不要说什么最佳对策了。例如，萧伯纳的名剧《武器与人》首演时，获得极大成功。他应观众的要求来到台前谢幕。这时，有一个人

让孩子一开口就招人喜欢

在首座高喊"糟透了",对于这种无理的语言,萧伯纳没有怒气冲冲,他微笑地对那人鞠了一躬,彬彬有礼地说道:"我的朋友,我同意你的意见。"他耸了耸肩,又指着正在热烈喝彩的观众说道:"但是,我们俩反对这么多观众又有什么用呢?"观众中顿时爆发出更为热烈的掌声。萧伯纳在反击对方的过程中无论是那温文尔雅的举动,还是那调侃戏弄的言辞,都显示出一种情绪的平和,单就这种情绪的力量,就足以压倒对方。

(2)反击有力。

对无理行为进行语言反击,不能说了半天不得要领,或词软话绵,而要做到打击点要准,一下子击中要害,反击力量要猛,一下子就使对方哑口无言。

有一个常愚弄他人而自得的人,名叫汤姆。这天早晨,他正在门口吃着面包,忽然看见杰克逊大爷骑着毛驴哼唧哼唧地走了过来。于是,他就喊道:"喂,吃块面包吧!"大爷连忙从驴背上跳下来,说:"谢谢您的好意,我已经吃过早饭了。"汤姆一本正经地说:"我没问你呀,我问的是毛驴。"说完得意地一笑。

大爷以礼相待,却反遭一顿侮辱。是可忍,孰不可忍!他非常气愤,可是又难以责骂这个无赖。无赖会说:"我和毛驴说话,谁叫你插嘴来着?"于是大爷抓住汤姆语言的破绽,进行狠狠的反击。他猛然地转过身子,照准毛驴脸上"啪、啪"就是两巴掌,骂道:"出门时我问你城里有没有朋友,你斩钉截铁地说没有。没有朋友为什么人家会请你吃面包呢?""啪、啪",杰克逊大爷对准驴屁股,又是两鞭子,说:"看你以后还敢不敢胡说。"说完,翻身上驴,扬长而去。

大爷的反击力相当强。既然你以你和驴说话的假设来侮辱我,我就姑且承认你的假设,借教训毛驴,来嘲弄你自己建立的和毛驴的"朋友"关系,给你一顿教训。

(3)含蓄讽刺。

对无理行为进行反击,可直言相告,但有时不宜锋芒毕露,露则太刚,刚则易折。有时,旁敲侧击,绵里藏针,反而更见力量,它使对方无辫子可抓,只得自己种的苦果往肚里吞,在心中暗暗叫苦。

有一天,苏格兰诗人彭斯在泰晤士河畔见到一个富翁被人从河里救起。富翁给了那个冒着生命危险救他的人一块钱作为报酬。围观的路人都为这种无耻行径所激怒,要把富翁再投到河里去。彭斯上前阻止道:"放了他吧,他自己很了解他的一条命值多少钱。"

(4)巧妙借用。

对无理的行为进行语言反击,是正义的语言与无理的语言的对抗。所以,反击的语言一定要与对方的语言表现出某种关联,正是在这种关联中,才会充

161

分表现出自己的机智与力量。要做到双方语言的巧妙关联方法有3个：

①顺其言，反其意。

这种方法的效果在于使人感到那个无理的人是引火烧身，搬起石头砸自己的脚。例如德国大诗人海涅是个犹太人，常遭到一些无耻之徒的攻击。在一个晚会上，一个人对他说："我发现了一个小岛，这个小岛上竟然没有犹太人和驴子！"海涅白了他一眼，不动声色地说："看来，只有你我一起去那个岛上，才会弥补这个缺陷。""驴子"在德国南方语言中，常常是"傻瓜，笨蛋"的代词。面对是犹太人的海涅，将"犹太人和驴子"并称，无疑是侮辱人，可海涅没有对他大骂，甚至对这种说法也没有异议，相反，他把这种并称换上"你我"，这样就一下子把"你"与"驴子"相等了。

请再看一则阿凡提的故事"驴的朋友"：

有一个新上任的县官，听说阿凡提机智，很不服气，扬言要把他戏弄一番。

阿凡提知道了这件事，就自动骑着毛驴来到衙门，对县官说："我来啦！"

县官看见他和毛驴一同进来，故意大声招呼说："欢迎你们两位一同光临！"

阿凡提拍了拍驴背，毛驴昂头叫起来，又是炮蹶子，又是摇尾巴。阿凡提说："我的这头蠢驴在家说，它的朋友当了县官，非叫我带它来见见不可！"

县官涨红着脸说："那是你的驴，同我有什么相关？"

阿凡提对毛驴说："我叫你不要来嘛，你的朋友一当了县官，就不认你啦！"

乡亲们一起大笑起来。

②结构相仿，意义相对。

这种方法是在双方语言的相仿与相对中，表现出极其鲜明的对抗性。如丹麦著名童话作家安徒生一生简朴，常常戴顶破旧的帽子在街上行走。有个不怀好意的人嘲笑说："你脑袋上面的那个玩意是个什么东西，能算是顶帽子吗？"安徒生回敬道："你帽子下面那玩意是个什么东西，能算是个脑袋吗？"安徒生的话语和对方的话语结构、词语都相仿，只是几个关键词的位置颠倒了一下，显得对立色彩格外鲜明。

歌德也有同样的故事。有一天，歌德在魏玛公园散步。在一条只能过一个人的过道上，他迎面遇到了曾经对他的作品提过尖锐意见的批评家。这位批评家高声喊道："我从来不给傻瓜让路！""而我则恰恰相反！"歌德边说边微笑着让在一旁。

③佯装进入，大智若愚。

即假装没识破对方的圈套，照直钻进去。这种方法的效果是显出自己完全不在乎对方的那种小伎俩。例如，一个嫉妒的人写了一封讽刺信给美国著名作

让孩子一开口就招人喜欢

家海明威,信上说:"我知道你现在是一字千金,现在附上一块美元,请你寄个样品来看看。"海明威收下钱,回答一个字——"谢!"海明威完全识破对方的刁难、侮辱人的行为,但他根本不将此放在眼里,他就照他人的刁难要求办,结果也真搞得那人难下台。

第九章　交谈中的语言禁忌

1. 倾听是一种谈话方略

倾听是一种谈话方略。倾听可以建立信任;倾听可以了解他人的思想、个性、爱好和企盼;倾听可以捕捉外界的各种信息,以利于自己作出正确的判断和思考。

1972 年,周恩来总理和美国前国务卿基辛格博士整体操作,打开了中美交往的大门,使世界格局为之一变。

基辛格到北京与周恩来谈判取得圆满成功之后,周恩来去为他送行,基辛格抑制不住内心的喜悦,诚恳地向周恩来担保:回去后一定多方奔走,争取早日恢复中华人民共和国在联合国的席位。基辛格越说兴致越高,竟不顾外交辞令,开出了时间表:"大约一年。"

周恩来始终微笑着,传达出内心的赞赏和谢意。

就在飞机起飞不久,基辛格收到了发自美国的电报,原来,就在前一天联大会议上,恢复席位的提案已经通过! 这当然是件好事,可基辛格想到:这么重大的事情,周恩来肯定当时就接到了汇报,就在自己说"大约一年"的时候,周恩来可以高傲地宣布:"事已办妥,不劳大驾",但他就是没有说。面对兴致勃勃、热忱相向的面孔,周恩来若直接告以真相,基辛格岂能不觉难堪!

2. 赢得赞美,拉近距离

卡耐基先生就知道很少有人能经得起别人专心致志的倾听,经得起别人暗示性的赞美。例如他在英国伦敦工商界主办的一次宴会上见到了一位著名的植物学家,倾听着植物学家谈论大麻、室内花园,以及关于马铃薯的惊人事实,直至午夜告别时,他几乎没有说过一句话。那位植物学家却高兴地对主人说:卡耐基先生是最有意思的人,是一个最有意思的谈话家。

一个会听话的人其实是最会说话的人,他的耳朵似乎比舌头还要厉害。真正地静下心来倾听别人的谈话,力争自己的话不惹人讨厌,我们就要深深懂得:

（1）多言是虚浮的象征，口头慷慨的人一定行动吝啬。

（2）有道德的人绝不泛言，有信义者必不多言，有才谋者不必多言。腹中空空者都喜欢大吹大擂。

（3）虚言取薄，轻言取侮，多言取厌。

（4）我们说的话绝对要适量，无把握的事不要乱开口，不能不打自招，揭露了自己的弱点及愚蠢，并失去了一个获得智慧及经验的机会。

（5）生活中的许多是非，大多源于多言，保持沉默便是保持不伤人。言多必失，多言多败。

（6）说自己的感慨之话，说心灵深处的衷心之话，说自己有把握的话，说能够启迪人的话，说能警戒人的话，说能温暖人的话，说能使人排忧解苦的话。除此，不说话。

在日常生活中，学会倾听，就是要克服浮躁之气和轻慢之举，做到认真而仔细地听取别人的倾诉或论辩。这时，神情应该专注，眼光应该集中在对方的面部，尽量有些点头之类的回应，包括上身略微前倾等形体动作的配合，以示非常重视对方的谈话。其实，这样的姿态不仅会给人留下良好而深刻的印象，还因为提高了他人的自尊心，而有利于建立良好的人际关系。

3. 留心去听别人说话

是非只为多开口，话说得多，出毛病的机会也就多。大智若愚，有学问的人不随便说话，惟胸无半点墨的人喜欢大吹大擂。"宁可把嘴闭起来使人怀疑你是浅薄，胜于一开口就使人证实你的浅薄。"这是一句值得大家牢记的名言。

所以，要掌握谈话技巧，就要懂得少说话。

事实上，大多数人患有太爱说话的毛病。在车站、在饭店以及在演奏会、电影院等公共场所，到处都是喧嚣嘈杂的说话声，真有如外国人嘲笑我们所说的"喧闹的街市"一样，抢着说话的人实在太多。要学会怎样谈话，必先要从少说话学起。

少说话固然是美德，但人既然在社会中相处，只能少说，却不能完全不说。缄默是值得提倡的，却不是哑口无言。

所以，我们要记着一个原则：在任何地方和场合，最好能少说话，若到非说不可时，那么你所说的内容、意义、措辞、声音和姿势，都不可不加以注意。在什么场合，应该说什么，怎样说，都值得加以研究。无论是探讨学问，接洽生意，交际应酬，娱乐消遣，我们口里说出的种种话，一定要能动人。"不鸣则已，一鸣惊人。"我们虽未必能达到这个目的,但朝这目标去学习和训练是必需的。

为保持你的话为人所重视,所喜欢,永不使人讨厌,惟一的秘诀是少说话。也惟有少说话的人,才能静静地思索,使得说出来的话更有见地。

自己少说话的作用,在上面谈到能使自己说出来的每一句话都有其分量,为别人重视。另一个作用是,也惟有自己少说话,才能聆听别人的说话。

留心去听别人说话,是谈话艺术中的一个重要的条件。因为能静听别人意见的人,必是一个富于思想,有缜密的见地,有谦虚之性格的人。这种人在人群当中,最先也许不大受人注意,但最后则必是最受人敬重的。因为他的虚心,所以为任何人所喜悦,因为他善于思维,所以便为人所尊敬。

4. 会说还要会听

讲话要一句一句地讲,一段一段地讲,现在还要加以补充,在谈话时要你一句我一句地讲,你一段我一段地讲,只讲不听,只听不讲,都不算真谈话。说到这里,我们就已经又进了一步了。进到什么地步呢? 到现在,我们就知道,我们所要追求的口才,就不只是讲的问题,还有了听的问题,不只是口的问题,还有了耳的问题。

有良好口才的人,同时也有良好的耳才。会说话的人,同时也是会听话的人。会说话的人,在说的时候,决不只凭自己的意思一味地说。他在未说之前,在说的时候,在说之后,都有一件事情使他非常关心,那就是,他的话在对方听起来是怎样的。

自己的脑子里有一点意见,自己把它变成语言,经过自己口唇的动作,发出声音来,要经过对方的耳膜、耳神经,传达到对方的脑子里,这时候,印在对方脑子里的那一点意见,是不是跟最初在自己脑子里原来所要表达的意思完全一致呢? 这是每一个懂得说话艺术的人所最关心的。我们研究口才最重要的目的,不是出于自己口中之语,而是达到对方脑子里。

一切关于口才的各方艺术,最后所追求的,就是自己的话在对方脑子里所发生的印象及其效应——要对方明白自己的话,相信自己的话,照自己的话去做。

怎么知道对方心里怎样想呢? 主要是靠听,要很小心地听对方讲话,要好好地练习听别人说话。一般人听别人说话时,真是太不小心了。听漏别人的话,听错别人的话,这样自己关于对方的认识,就是片面的,错误的。那么,怎样能够让自己的话,能抓住对方的注意,引起对方的兴趣,以及能够说中对方的心

让孩子一开口就招人喜欢

事,针对着他心中的疑虑来进行有效的解释呢?

许多人都以为谁能够滔滔不绝、口若悬河、一大套一大套地讲个不完,谁就是有口才,这种观点并不全对。有许多人只顾着自己讲,一点也不知道别人听了会怎样,即使他讲得很不错,我们也不能说他的口才很好。口才很好的人,并不一定讲得很多,妙就妙在他了解别人的心情和看法,三言两语就能使人佩服了。而这种人主要靠他很善于听别人的话。那么你要问了:"如果别人始终不开口说话怎么办?"真诚地告诉你,口才很好的人,就有这样的本事,有办法使人说出自己的意见来。

你看这不是更复杂了吗?会说话的人,不但自己会说而且还要会听,而且要有办法使别人说,有办法使别人高谈阔论,有办法使别人对他畅所欲言,开诚布公,甚至于推心置腹。不要忙,无论多么复杂的东西,我们都有办法学会。不过我们要从最简单的、最基础的东西开始,我们要练习,看我们能不能抓住别人说话要点。在别人说完一段话时,我们能对自己说:他这一段话的意思,主要有哪几点。试试把听到的话,事后记下来,或是转述出来,告诉自己的朋友,或是自己的家人,这就可以很快地提高自己听话的能力。

聆听他人说话时,偶尔插上一两句恰当的话或不明白时加上一个问话,这也是非常需要的,因为这正表明你对他的话的留心。无论他人说什么,你都不可随便纠正他的错误,若因此而引起对方的反感,那么你就不能成为一个良好的听者了。另外,批评或是提意见,也要讲究时机与方式,否则,好事也会变成坏事。

但是,如果说话的人滔滔不绝,而你对他的话题毫无兴趣,觉得花时间和精力去应酬他是十分不值得的时候,你应该用更好的方式去使他停止乏味的话题,但最好是不要伤害他的尊严,巧妙地引他谈及其他的话题,特别是那些他内行的又是你所喜欢的话题。

5. 做一个良好的听众

公园关门了,一对恋人仍然依偎在园内假山中的长椅上,月光如水,将人的脸、树的影都染上一层朦胧,湖水映月,微风撩起闪闪烁烁的波浪,像一群小天使的眼睛。

如此静谧的夜晚,本当默默享受,可那男人却不解风情,絮絮叨叨地在女子耳边大谈他的理想,吹嘘他的智慧。女子皱起了眉头,可男人浑然不觉,谈兴大发,真像一只乌鸦聒噪不休。终于女子无法忍受了,抛出一句令男人难堪的话:

167

"别说了,行吗?"

这样的时候,你有过吗?

生活中有许多是非之争是因为谈话多了;话说得愈多,出毛病的机会也就愈多。教人少说废话多做实事,这是古今中外哲人学者的名言,它包含着深刻的辩证法则。往往真正有学问的人大智若愚,不太乱说话,相反那些腹中空空,没有几点文墨的人却喜欢大吹大擂。所以,我们应记住一条原则:在任何地方和场合,最好能少说话。若是到了非说不可时,那你所说的内容、意义,所选用的词句,所伴随的姿势以及说话的声音,都不可不加以注意。在什么场合该说什么话,用什么方式说,都值得加以研究。无论是在探讨学问、接洽生意,还是在实际应酬或娱乐消遣中,种种从我们口里说出的话,一定要有中心,要能具体、生动,要十分精彩。

在类似座谈会的场合中,大家都是踊跃发言,而不注意听清楚别人的意思。所以,经常产生彼此的误会,各想各的,都站在自己的立场,擅自解释别人的意见,表面上看起来,大家讨论得十分热烈,事实上,非常散乱。因此,真正有见识的人,会在脑中把众人的论点分析、整理出来,而当座谈会进行到中段以后,才提出他归纳后的要点,让大家有个一致的方向。然后,再说出自己的意见,使整个讨论的方向更为明确,这种人才是最会表达的人。

一般的座谈会还没有什么关系。如果是在一个对团体日后进展有很大影响的重要会议中,讨论的方向更不能稍有偏差。光是让众人热烈地讨论,但没有一个人来指导归纳的话,将会使整个企业或组织的生命,陷入严重危机。

相反的,如果大家一开始都能循着正确的方向研讨,但却因后来的激动心情,而失去理智,自己无法抓住问题的重心。这时候,只要有一个人能够默默地站在高处,把大家所讨论的事情分析、整理起来,那么,既可以节省许多时间,又能得到一个好的结论。

真正厉害的人,就是能用短短的几句话,理出全部要点,把会议变得有条不紊,并找出讨论的核心问题,再慢慢归纳出结论,让人不得不佩服。

在人们激烈地互相讨论时,很容易产生混乱的现象,让彼此耗费时间和精力。此时最重要的,就是要能够站出来,为大家杂乱的论点,作一个正确而简明的归纳,实实在在地抓住问题重点,并纠正不必要的纷争。

怎样去做一个良好的听众呢?首先,需要诚意。别人和你说话的时候,你的眼睛要注意看他,无论对你说话的人地位比你高或低,注意他是一件必需的事情,只有缺乏勇气或态度傲慢的人才不去正视别人。其次,在别人对你说话时,不可手里同时做着一些绝无必要的工作,这是不礼貌的表示。而且,当他偶然地反问你一些什么时,你就会因未留心他所说过的意思而无从应付了。

6. 倾听的6个规则

为保证说的每一句话为人所重视,不惹人讨厌,惟一的资本是少说话,静静地思考,耐心地听别人说话。

做一个耐心的倾听者要注意6个规则:

(1)对讲话的人表示称赞。

这样做造成良好的交往气氛。对方感到你的称赞越多,他就越能准确表达自己的思想。相反,如果你在听话中表现出消极态度,就会引起他的警惕,对你产生不信任感。

(2)全身注意倾听。

你可以这样做:面向说话者,同他保持目光的亲密接触,同时配合标准的姿势和手势。无论你是坐着还是站着,与对方要保持在对于双方都最适宜的距离上。我们亲身的经历是,只愿意与认真倾听、举止活泼的人交往,而不愿意与推一下转一下的石磨打交道。

(3)以相应的行动回答对方的问题。

对方和你交谈的目的,是想得到某种可感觉到的信息,或者迫使你做某件事情,或者使你改变观点等等。这时,你采取适当的行动就是对对方最好的回答方式。

(4)别逃避交谈的责任。

作为一个听话者,不管在什么情况下,如果你不明白对方说出的话是什么意思,你就应该用各种方法使他知道这一点。

比如,你可以向他提出问题,或者积极地表达出你听到了什么,或者让对方纠正你听错之处。如果你什么都不说,谁又能知道你是否听懂了?

(5)对对方表示理解。

这包括理解对方的语言和情感。有个工作人员这样说:"谢天谢地,我终于把这些信件处理完了!"这就比他简单说一句"我把这些信件处理完了"充满情感。

(6)要观察对方的表情。

交谈有时候是通过非语言方式进行的,那么,就不仅要听对方的语言,而且要注意对方的表情,比如看对方如何同你保持目光接触、说话的语气及音调和语速等,同时还要注意对方站着或坐着时与你的距离,从中发现对方的言外

让孩子一开口就招人喜欢

之意。

在倾听对方说话的同时,还有几个方面需要努力避免:

第一,别提太多的问题。问题提得太多,容易造成对方思维混乱,谈话精力难以集中。

第二,别走神。有的人听别人说话时,习惯考虑与谈话无关的表情,对方的话其实一句也没有听进去,这样做不利于交往。

第三,别匆忙下结论。不少人喜欢对谈话的主题做出判断和评价,表示赞许和反对。这些判断和评价,容易让对方陷入防御地位,造成交际的障碍。

再列举 6 点令人满意的听话态度:

(1)适时反问。

(2)及时点头。

(3)提出不清楚之处并加以确认。

(4)能听出说话者对自己的期望。

(5)辅助说话的人或加以补充说明。

(6)有耐心并想深入了解说话的内容。

7. 听取对方倾诉的技巧

打个比方,你是一个商人,若接到顾客的投诉时,该怎么办呢? 首先必须站在顾客的立场上,冷静且耐心地倾听,一直等对方把要说的说完。训练有素的推销员戴维曾经说过:"处理顾客投诉,推销员要用 80% 的时间来听话,用 20% 的时间说话。"

任何一个顾客来投诉,无论开始脾气有多大,只要我们耐心地听,鼓励他把心里的不满都发泄出来,那么,他的脾气会越来越小,像个被扎了一个洞的皮球那样,慢慢地"放气"了。只有恢复了理智,才能正确地着手处理面前的问题。而且因情绪激动而失礼的顾客冷静下来以后,必然有些后悔,这比我们迎头批评他们要有效得多。

有一位姓刘的先生在他订的酸牛奶中发现了一小块玻璃碎片,于是前往牛奶公司投诉。不用说,他的情绪是愤怒的。一路上他已经打好腹稿,并想出了许多尖刻的词语。一到总经理办公室,连自我介绍都省略了,把王经理伸出的友谊之手也拨向一旁,"重磅炮弹"铺天盖地向王经理猛轰:

"你们牛奶公司,简直是要命公司! 你们都掉进钱眼里去了,为了自己多赚钱,多分奖金,把我们千百万消费者的生死置之度外。"

好在这位王经理经验丰富,面对这么强大的刺激,毫不动怒,仍旧诚恳地对他说:"先生,究竟发生了什么事? 请您快点告诉我,好吗?"

刘先生继续激动地说:"你放心,我来这里正是为了告诉你这件事的。"说完,从提袋中拿出一瓶酸奶,"砰"的一声,重重地往办公桌上一放,说:"你自己看看,你们做了什么样的好事!"

王经理拿起奶瓶仔细一看,什么都明白了。他收敛起微笑,有些激动,说:"这是怎么搞活经济的,人吃下这东西是要命的! 特别是老人和孩子若吃到肚子里去,后果不堪设想!"

说到这里,王经理一把拉住刘先生的手,急切地问:"请你赶快告诉我,家中是否有人误吞了玻璃片,或被它刺伤口腔。咱们现在马上要车送他们去医院治疗。"说着,抄起电话准备叫车。

这时候,刘先生心中怒火已十去八九了,他告诉王经理说,并没有人受伤。王经理这才转忧为喜,掏出手帕,擦擦额头上渗出的汗珠说:"哎呀! 真是谢天谢地。"

接着王经理又对刘先生说:"我代表全公司的干部职工向您表示感谢。因为您为我们指出了工作中的一个巨大的事故隐患。我要将此事立刻向全公司通报,采取措施,今后务必杜绝此类事情发生。还有,您的这瓶牛奶,我们要照价赔偿。"

王经理的这番话,一下子把空气给缓和了。刘先生接过那瓶奶钱的时候,气已经全消了,而且还有点内疚:"经理是个这么好的人,我开始真不该给你扣那么多的帽子。"

接下去,他便开始向王经理建议,该采取什么样的措施才能避免此类事故继续发生。结果越谈越融洽,原来双方都是站在一个立场上。

王经理处理这起顾客投诉,有几点做得很好:

第一,当顾客发火时,他很冷静;第二,用询问法鼓励顾客把真正的原因讲出来;第三,当顾客讲清原因后,站在顾客的立场上考虑问题,当即采取措施;第四,对顾客前来投诉表示诚挚的感谢,并就搞好工作的问题,继续听取顾客的意见。

耐心听取对方的倾诉是很重要的。一个人一分钟能听 600 个字,而在一分钟内只能讲 120 个字,所以当一方滔滔不绝地说话时,另一方有充裕的时间去考虑问题。不要在未听完对方的全部投诉之前就做解释,或急于表态,下结论。

171

8. 少说"我"多说"你"

人们最感兴趣的就是谈论自己的事情,而对于那些与自己毫无相关的事情,众多的人觉得索然无味,对于你含有最大兴趣的事情,常常不仅很难引起别人的同情,而且还觉得好笑。年轻的母亲会热情地对人说:我们的宝宝会叫"妈妈"了,她这时的心情是很高兴的,可是旁人听了会和她一样地高兴吗? 这是很清楚的。谁家的孩子不会叫妈妈呢? 你可不要为此而大惊小怪! 这是很正常的事情,不会叫妈妈的孩子才是怪事呢。所以,你看来是充满了喜悦,别人不一定有同感,这是人之常情。

竭力忘记你自己,不要老是啰嗦,谈你个人的事情,你的孩子,和你的生活。人人喜欢谈的是对自己最熟知的事情,那么,在交际上你就可以明白别人的弱点,而尽量去逗引别人说他自己的事情了,这是使对方高兴最好的方法。你以充满同情和热诚的心去听他叙述,你一定会给对方以最佳的印象,并且会热情欢迎你,热情接待你。

千万不要故意与人为难,有的人专门喜欢自己与别人意见不同。如果你说这是黑的,他就硬说这是白的,但是,如果下一次你说这是白的,他就反过来说它是黑的,这种处处故意表示自己与别人看法不同的人,和处处随声附和的人一样被人看不起,甚至被人们所憎恶,是不忠实的朋友。口才是帮助你待人处世的一种方法,口才的本身,并不是我们的目的,没有人愿意做一个口才很好,而到处不受人欢迎的人,不要为表现你的口才,而到处逞能、惹人憎恨,口才一定要正确而灵活地表现,而不是为了自吹自擂,借以宣扬自己。

听了对方说话之后,发现其中有点与自己的意见不同,立刻就提出异议,而对方一听就立刻以为自己的意见全被否定了,这当然是一件严重的事情。在这种场合,我们一定要记得预先说明哪一点,或者哪几方面,自己是完全同意了,然后指出自己与对方意见不同的那一方面。这样,对方很容易地接受你的批评或修正,因为,他知道双方对于主要的部分其意见是完全一致的,你所不同意的地方是对方的次要方面的意见。不过,你最好仍能预先表示,对于对方的看法观点是同意,即使它是最不要紧的观点。这样做,对方才体会到这是老实的表现,是真诚而又实在,并没有做违心之事,那么为什么要这样做,目的也是为了缓和双方的气氛。

不要抹杀别人的一切意见,在做法上也要这样做,如果抹杀了别人的一切,别人的好处一点也不承认,这样,谈话就可能不融洽,要再继续谈下去也有困难。无论你的意见和对方的意见距离有多远,冲突得多么厉害,我们要表现出一切可以商量的胸怀,并且相信,无论怎样艰难,大家都可以得到比较接近的看法,使双方不致造成僵局。

什么都可以谈,但是,在浩渺无边到处都可以航行的谈话题材的大海洋里面,也有一些大小的礁石,要留心地避开,对于你不知道的事情,不要冒充内行。这是一种自欺欺人的行为,你知道多少,就说多少,没有人要求你做一本百科全书,即使是最有学问的人,也不可能无所不知。所以,坦白承认你对于某些事情的无知,不知道,这不是耻辱,相反这是使别人对你的谈话,认为有值得参考的价值,没有吹牛,没有浮夸,没有虚伪。对于陌生人不夸耀自己的私生活。例如:你个人的成就,你的富有,或是向别人说自己的孩子怎么怎么了不起。不要在公共场合把朋友的缺点和失败当做谈话的资料,不要重复同样的话题,不要到处诉苦和发牢骚,诉苦和发牢骚并不是良好的争取同情的手段,做人的基本态度,也是这样。

9. 说错话后立即道歉

与人交往,难免不说错话,不做错事,也就难免不得罪人,有时甚至会给人家带来精神上的巨大痛苦和经济上的巨大损失。对此,若是能及时认识到自己的错误,诚恳地向人家道歉,并主动承担责任,总是能得到别人的原谅、讨人喜欢的。

生活中,无论是普通人还是伟人,无论是家庭生活还是工作学习,说错话后,人人都希望能够得到他人真诚的道歉和艺术地道歉于人。

道歉,它能够挽危机、除窘迫、出困境、愈裂痕、和解受损的关系。它可以巩固友谊,推进新的人际关系的发展,使双方更加珍惜经过波折而重归于好的感情。道歉,在低头鞠躬的同时,是将自己在人生的台阶上又提高了一步。道歉,是利人益己的鞠躬,是真诚的悔悟,而不是妄自菲薄;是人格的完善,而不是卑躬屈膝;是性格的成熟,而不是丧失尊严。

道歉有各种不同的方式。面对面的道歉,直截了当,交流感情方便;打电话、写信或通过中间人传话,会加强道歉的分量,使人感到真实;有时,非语言表达,如恋人之间的无言沉默或托物致歉可能胜过万语千言,收到不可言传而又让其心领神会的效果。

保罗·盖蒂是西方首屈一指的石油大亨,他把大部分的时间花在油田里和他的雇员一起工作。有一次发生的偶然事件,虽然其本身不太重要,却让盖蒂认识到,和员工建立良好的关系多么重要。

这天,盖蒂在油井工地上注意到一个名叫汉克的搬运工动作懒散,他生气地骂起来:"你在干什么? 振作起来,笨蛋!"骂完之后,他还咆哮了一声。"好的,老板。"汉克平静地回答道。不过,他还是奇怪地看了盖蒂一眼。这让盖蒂莫名其妙。不一会儿,他了解到汉克有手伤。汉克本来可以回去接受治疗,但他因为不愿让工友和老板失望,于是留了下来。得知这个情况后,盖蒂走到汉克身旁,说:"抱歉! 我刚才不应该发火。我开车送你进城去找个医生看看你的手伤。"听到老板这句话,汉克和他的伙伴久久地瞪着盖蒂,然后他们笑了。

从表面上看,这件小事没有多大意义,然而它却有着很高超的说话技巧。盖蒂身为老板,未事先查明真相便乱发脾气犯下错误,使下属产生了抵触情绪,造成生产效率下降在所难免。幸好,盖蒂一发现了过错,便立即真诚地道歉,而且提出合理的、适当的补救方法,这样,马上又重新建立了良好的关系。

该赞美的赞美,该道歉的道歉,能做到这些,就能够使别人轻松愉快、心情舒畅地同自己合作,赢得他人的信任和友谊,达到自己的目的。

怎样道歉呢?

第一,切记道歉并非耻辱,而是真挚和诚恳的表现。道歉一定要出于至诚,伟人有时也道歉。丘吉尔起初对杜鲁门的印象不很好,有点"感冒",但后来他告诉杜鲁门说:"以前低估了你。"这句话是以赞誉方式做出的道歉。

第二,道歉要堂堂正正,不必奴颜婢膝,因为想纠正错误,是值得尊敬的事。如果你觉得道歉的话说不出口,可以用别的方式代替,夫妻吵架后,一束鲜花能令前嫌冰释;把一件小礼物放在餐碟旁或枕头下,可以表明悔意,表示爱你不渝;大家不交谈,握手也可传情达意,千万不要低估"尽在不言中"之妙。

第三,道歉要抓住时机,越拖延越难启齿。有时错过道歉时机会追悔莫及。有一位大学毕业生曾这样说:"'文革'初期在校时,我曾批斗过自己的指导老师。毕业离校后一直感到内疚,常常良心受到谴责。过了好些年,我找到一个机会回到母校,打算向这位指导老师致歉,这时我才知道,我的指导老师不久前已离开了人世。错过时机,真是'一失足成千古恨'啊。"

10. 用好感谢语

7岁的小彬手里拿着一支雪糕兴冲冲地跑来,对爸爸说:"小张叔叔给我买的。"

爸爸说:"你说了'谢谢'吗?"小彬说:"没有呀。"

爸爸说:"真没礼貌。快去! 对张叔叔说声'谢谢'。"

过了不久,小彬回来了。

"谢了,但已经没用了。"小彬回答说。

"为什么?"

"张叔叔说不用谢。"

这则笑话是富有启示力的。在人际交往中,有许多人在不同程度上就是这个小彬。他们在这方面主要有两个缺陷:

一是认为没必要说"谢谢";

二是确实不会说"谢谢"。

上述两种情况,前者是认识上的问题,后者是技术能力上的问题,但都会对人际交往造成不良后果。

所谓"感谢",就是在对方对自己做出一些善意言行之后,自己的言辞上所做的一种情感回报。"感谢"有下列几种功能:

第一,表达自我情感。人们在接受别人的善意言行之后,都会产生一种感激之情,情动于衷,发于言辞。一句"谢谢",常常是这种情感的自然流露。

第二,强化对方的好感。人际关系学认为:人际交往是一个互动过程,一方的善意行为必然引起另一方的"酬谢",例如感谢。而这种"酬谢"又将进一步使对方产生好感,并发出新的善意行为。这样,就使对方的人际关系进一步达到融洽。

第三,调节双方距离。任何一次或一种人际交往都是在交际双方所结成的心理距离中进行的,适当的心理距离是成功的人际交往的一个必要条件。而感谢语言是调节双方距离的一种技巧。

感谢起着缩短双方距离的作用,但有的时候,感谢也有着拉大双方距离的特殊功能。有时在某些亲密的人际关系中,例如恋人、亲人、密友之间,我们会使用一些社交场合中标准的彬彬有礼的感谢语,来显示自己对对方的冷淡态度,拉大对方的心理距离。

在人际交往中,要运用好"感谢"这种交际手段来完成特定的交际任务,需要注意:

(1)感谢的声音与表情。

感谢是心中一腔感谢之情在语言上的自然流露,因此,感谢的最大要领就是表达内心真挚的情感。在情感真挚的前提下,我们要在言语行为的表现上下工夫,做到声情并茂,表情恰当。

首先,语调要欢快、明亮,而不能沉缓、暗哑;其次,吐字要清晰,节奏应有抑扬，而不能含混不清，咕咕哝哝；再次，眼睛要看着被感谢的人，脸上应有诚恳、生动的表情，并配以恰当的手势动作。在这方面，我们需要避免两点：夸张；生硬。

可以设想一下，你在感谢时，倘若手舞足蹈，举止轻浮，一下子拍拍对方的肩，一下子拉拉对方的手，或者表情木然，低着头或看着别处，那么，你的表情、举止实际在抵制你的语言、你的感情，将没有任何积极效果，甚至会产生相反的效果。

（2）感谢的交际场合与交际关系。

感谢一定要注重场合。你与对方单独在一起时，对他（她）表示感谢，一般会有好效果；但在众人之中挑出某一个人来表示感谢，那么就有可能冷落别人，也会使被感谢人难堪。感谢也要注意双方的关系。例如双方是一般熟人或同事关系，可以用直接感谢，"感谢您"或"非常感谢"；但双方是至亲与好友时，一般应少用"谢谢您"或"非常感谢"之类的话。可用称赞语或陈述语来表达谢意。儿子对妈妈就可以说："妈妈，您真好，是天底下最好的妈妈。"

有时候感谢也可利用人际关系。例如你非常感谢张三，你却向张三的家长、女友、领导等张三欲获得其好感的人表示感谢，这样的感谢比你直接向张三感谢更动人，更具有积极效果。

（3）感谢的类型与渠道。

感谢从不同的角度分，有不同的种类：有对对方个人的感谢，也有对对方单位的感谢；有对对方行为的感谢，也有对对方人品的感谢；有个人之间的感谢，有群体之间的感谢，还有国家之间的感谢；有语言的感谢，有礼物的感谢；有口头的感谢，有电话的感谢，有信函的感谢等等。

11. 善于使用礼貌语言

有位商店老板，在接待应聘者小汤时，本来是准备聘请小汤的。在面试临近结束的时候，老板表示对事情的发展感到满意，并将于今后几天内与小汤会面。然而小汤说："难道现在你不能告诉我，是否能得到这份工作吗？因为过几天我还要外出旅游去了。"老板说："噢，你不是告诉我，一得到通知就马上开始工作吗？"小汤说："你最好别指望我能坐下来等你几天的电话。"老板说："好吧，那我只能说，如果我们需要你，就会与你联系的。"然而，这位老板始终没有给小汤打电话。这是小汤缺乏礼貌语言的必然结果。

有位名叫亚诺·本奈的小说家曾说："日常生活中大部分的摩擦冲突都起

因于恼人的声音、语调以及不良的谈吐习惯。"此话说得颇有道理。何故？只要我们仔细观察身边的人就会发现，谈吐的缺陷可能导致个人事业的不幸或损害所服务机构的荣誉与利益，可能导致父子不和、夫妻离异乃至人际关系的紧张恶化。一个人是否善于使用礼貌用语，决定企业是否愿意聘请他工作、与之交往，或是否愿意投他信任一票与之发生商业关系。

平常说话有许多口头"敬语"，我们可以用来表示对人尊重之意。"请问"有如下说法：借问、动问、敢问、请教、借光、指教、见教、讨教、赐教等；"打扰"有如下词汇：劳驾、劳神、费心、烦劳、麻烦、辛苦、难为、费神、偏劳等。如果我们在语言交际中记得使用这些词汇，相互间定可形成亲切友好的气氛，减少许多可以避免的摩擦和口角。

你和人相见，互道"你好"，这再容易不过。可别小瞧这声问候，它传递了丰厚的信息，表示尊重、亲切和友情，显示你懂礼貌，有教养，有风度。

美国人说话爱说"请"，说话、写信、打电报都用，如请坐、请讲、请转告，传闻美国人打电报时，宁可多付电报费，也绝不省掉"请"，因此，美国电话总局每年从请字上就可多收入 1000 万美元。美国人情愿花钱买请字。我们与人相处，说个请字，既不费力，又不花钱，何乐不为？

英国人说话少不了"对不起"这句话，凡是请人帮助之事，他们总开口说声对不起：对不起，我要下车了；对不起，请给我一杯水；对不起，占用了您的时间。英国警察对违章司机就地处理时，先要说声"对不起，先生，您的车速超过规定"。两车相撞，大家先彼此说声"对不起"。在这样的气氛下，双方自尊心同时获得满足，争吵自然不会发生。

成功人士说话非常注意用礼貌语言，如：你好、请、谢谢、对不起、打搅了、欢迎光临、请指教、久仰大名、失陪了、请多包涵、望赐教、请发表高见、承蒙关照、谢谢、拜托您了，等等。礼貌用语，令人心花怒放，满面春风。

12. 珍视你的诺言

季布一诺千金，至今仍被人引为学习的楷模。"重言诺"似乎是老套，但是谈话的艺术不应该忽略这点，谈话是人与人相交之间的惟一媒介物，如果在谈话中没有信守，你虽有如簧巧舌，也无从取悦于人。

空头支票不可随便发出，倘若你不能依时兑现。答应了什么事情，就要负责去做，不可只会说不会做。言而能行，则虽不懂谈话的艺术，也可立身处世，不大成也小成。言而不能行，则虽然熟读谈话的艺术，还是一无用处。

曾子杀猪给他儿子吃，无非是履行当父母的无意发出的诺言。古人用心未尝不佳。今日你对朋友说，"这件事全包在我身上"，那么你就要努力替他办好，如果你没有把握，你就不宜答应。"我无力代办""我给你试试看"和"我一定可以替你办到"，三种说法有三种不同的意义，你就要看你自己的能力而选择应该说哪一种。

积久成习，不履行诺言也会如此，你虽不存心骗人，但因你太轻易答应别人，也太轻易失信，就和骗子一样地使人畏避。

"过几天我请你喝酒。"这是一个约言，不可当为交际应酬似的说了就算。交际可说的话很多，不可拿约言敷衍局面，除非有诚意预备当真请客。

"他答应送给我一条狼狗，可是现在他连影子也不知躲在什么地方去了！"有一位小姐曾经这样埋怨过一个男人。这结果我们可以想得出的，这男人将永远被他的女友所埋怨，只为一条狗。倘若他能想到用另一种真诚的说话也可以取悦于一个女人时，他应懊悔犯了如此的一个大错。

答应了就要切实履行，若当真为了不得已的原因而无法履行时，你惟一应该做的事情就是及早通知那个在期望你的人，并且表达你的歉意。因为预先通知他，希望他还来得及另做打算，无论替人办事，答应赴宴，或允许借钱或还钱等，至少可使人不至临时因你的失约而无所措手，不过这也是可一而不可再的办法，若以此作为你的失约的理由，那么几次之后，这理由也会站不住脚的。

永不可在失约之后才为自己做种种辩护，即或在极不得已的情形下，也应当坦白地承认自己的过失和诚恳地道歉。失约而又在事后自圆理由，以求证明自己的毫无过失，是不会博得别人的同情的，无论你有一百个充足的理由。

不逃避罪名，你会很容易地被宽恕，你想竭力洗脱，反使人觉得你是罪加一等了。

所以，最要紧的还是珍视你的诺言，你不妨吝啬一点，像吝啬你的支票一样，如果你觉得存款不足，但支票一经开出，你就要尽力去支付它。

"不要听信他，这人的话最靠不住。"你不是常听到人们这样去评价一个人吗？希望这个人永远不会是你。

13. 远离说话的禁忌

许多人有过以下的经历：历尽艰难即将办成的事，却因为一个不该有的失误而前功尽弃；好不容易建立起来的良好人际关系却因为小小的一句话一个动作而毁于一旦。这是什么原因呢？原来是他们没有远离说话的禁忌，以至功败垂成。

说话应远离下列所有的禁忌：

忌骄傲狂妄

说话和事业的关系，是成功与失败的关系。你如出言不逊，狂妄自大，那么，你将不可能获得别人的同情、别人的合作、别人的帮助、别人的支持、别人的赞赏。

富兰克林在自传中有这样一段话："我在约束我自己的言行的时候，在使我日趋成熟，日趋合乎情理的时候，我曾经有一张言行约束检查表的实行。当初那张表上只列着12项的美德，后来，有一位朋友告诉我，我有些骄傲，说到这种骄傲，经常在谈话中表现出来，使人觉得盛气凌人。于是，我立刻注意到这位友人给我的忠告，我立刻意识到并相信这样足以影响到我的发展前途。随后我在表上特别列上虚心一项。后来我在说话时竭力避免一切直接触犯伤害别人情感的话，甚至自我禁止使用一切确定的词句，如：'当然'、'一定'等，而用'也许'、'我想'来代替。"

《三国演义》里有一个祢衡，堪称"狂夫"。他第一次见曹操，把个曹营中勇不可挡的武将、深谋远虑的谋士，人人贬得一文不值。他贬低起人来，如数家珍，如"荀彧可使吊丧问疾，荀攸可使看坟守墓，程昱可使关门闭户，郭嘉可使词念赋，张辽可使击鼓鸣金，许褚可使牧牛放马，乐进可使取状读诏，李典可使传书送檄，吕虔可使磨刀铸剑，满宠可使饮酒食槽，于禁可使负版筑墙，徐晃可使屠猪杀狗，曹子孝呼为'要钱太守'。其余皆是衣架、饭囊、酒桶、肉袋等"。

祢衡称别人是酒囊饭袋，称自己："天文地理，无一不通；三教九流，无所不晓；上可以致君为尧、舜，下可以配德于孔、颜。岂与俗子共论乎！"更有甚者，当曹操录用他为打鼓更夫时，祢衡击鼓骂曹，扬长而去。对这种人，曹操自然不肯收留。祢衡又去见刘表、黄祖，依然边走边骂，最后被黄祖砍了脑袋。可见，狂妄的结局是自毁，是失败。

忌拖泥带水

好的语言并不在多，达意则灵。著名艺术家赵丹先生去世后，有人问黄宗英女士是否再嫁，黄宗英回答说："我已经嫁给大海，就不能再嫁给小河了。"这句话简洁明快，并且意蕴深刻，耐人寻味。

高尔基曾说："简洁的语言中有着最伟大的哲理。"在当今的信息时代，人们的生活节奏大大加快，人们不喜欢那些穿靴戴帽、庞杂冗长、繁文缛节的空话套话。说话要达到简洁、明快，就要千锤百炼，使自己的词汇富足、思路清晰。因为词语贫乏，表达必词不达意、啰嗦干瘪；因为思维模糊，表达必语无伦次，枉费口舌。

文思灿烂的法国作家福楼拜，堪称锤炼语言的楷模。他思潮奔涌，常常夜不能寐，"一些文句像罗马皇帝的辇车一样在脑中滚过去，时而被它们的振动和轰响声惊醒。"他游泳时也在斟酌字句。有篇文章的转折之处仅有 8 行，他却费了 3 天。有一次，福楼拜为了寻找恰当的四五句话，足足花了一个月时间。福楼拜为锤炼书面语言呕心沥血，因而达到炉火纯青的地步。

我们在说话中，也要长话短说，要"筛选"、"过滤"出最精辟的，恰如其分的表情达意的词句，尽可能以省俭的语言表达出深刻的内涵。

美国学者多琳·安森德·图尔克穆说："如果你还没有想好用哪个词最合适，那你就干脆别开口。"

动人春色不需多。在当今信息社会，一切都是快节奏、高速度，没有人可以听你啰啰嗦嗦地一侃就几个小时。罗斯福的就职演说仅 985 个字。林肯著名的葛底斯堡演说只有 10 个句子。喜剧大师卓别林在奥斯卡的领奖台上只说了一句话："此刻，语言是那么多余，那么无力！"所以说，说话忌拖泥带水。

忌故弄玄虚

托尔斯泰说："真正的艺术永远是十分朴素的、明白如画的、几乎可以用手触摸到似的。"说话力求通俗、口语化，如不考虑听者的接受能力，用那种文绉绉、酸溜溜的语言就既不亲切，又艰涩难懂，往往事与愿违，弄得不好，还会闹成笑话。

有一则笑话讽喻那种专会咬文嚼字，不注意口语化的人。故事说，一天晚上，一位书生被蝎子咬了，他摇头晃脑地喊道："贤妻，迅燃银灯，尔夫为毒虫所袭！"连说几遍，他妻子怎么也听不明白，疼痛难忍的书生气急之下只得叫道："老婆子，快点灯，蝎子咬着我啦！"真是故弄玄虚，自讨苦吃。

随着时代变迁，人们的语言习惯也有了很大的改变。古代的不少词汇已逐渐淘汰，弃之不用。如形容人的面貌"面如冠玉"、"樱唇一点"等，如今不会有人再用了。皇帝自称"朕"、"寡人"，称他人为"爱卿"，还有"令尊"、"令堂"、"令爱"之类的称谓，现在再用，就有不合时宜之嫌。用文言文对白的时代早已过去。有的人在演说中使用文言，卖弄学问，故显高雅，这种以艰涩之词惑众的人，没有人听他说话。因为晦涩难懂的话让人费心揣度，势必影响听的效果。而且听众文化素养有很大的差别，应该"就低不就高"。

日常讲话力求明白晓畅,通俗易懂。那种用"请恕冒昧"之类的话就未免是故作"高雅",听众未必喜欢。罗丹说:"用铅笔画些花样,用色彩涂些炫耀的焰火,或是用古怪的文字写些光彩的句子,这些空头作家,就是世界上最机巧的人,然而艺术最大的困难和最高的境地,却是要自然地、相互地描绘和写作。"这句话对平常说话也是适用的。

忌厉声质问

说话时习惯质问对方的人多半好吹毛求疵,与人为难,或性情乖僻,或自大好胜,所以即使在谈话小节上也把他的品格表现出来。其实除了在不得已的场合,如在法庭上的辩论等之外,质问是大可不必的。如果觉得意见不对,不妨立刻把你的意见说出,何必一定要先来个质问,使对方难堪呢?

说话先质问后解释,犹如先向对方打了一拳,然后再向他解释一样,这不需要的一拳足以破坏双方的感情。被质问的人会被弄得不知所措,自尊心受了大大的打击,如果他也是个脾气不好的人,必致恼羞成怒,激起了剧烈的争辩。虚心、诚实、坦白和尊敬别人,是谈话艺术的必需条件。把对方为难一下,借以逞一时之口快,于人于己皆无好处。

忌三心二意

说话比写文章难,写文章可以细细推敲,再三订正;说话则不然,一言既出,驷马难追。所以,与人说话应特别留神。

如果不是普通的聊天,就将要说的话事先打好腹稿,免得出现口误。说话时要神态从容,自然流利,眼睛注视听话人的脸,表现诚恳、亲切的神情。而且,随时注意他无言的反应,是否赞成,随时调整你的说法。

如果发觉他的神情不安、不愿多听的样子,就该注意收束。如果发觉他怀疑的样子,就要加以解释。如果发觉他乐于接受,就该单刀直入,不必再绕什么圈子。如果发觉他要插言,就要请他发表高见。

对方的答话,要特别留神,同样一个"哦"字,有不同的表示。"哦,"是表示知道了。"哦!"是表示惊奇。"喔?"是表示怀疑。如果他说:"好的,照着你的意思做吧。"这是完全接受。"好的,以后再说吧。"这是不肯接受。"好的,让我研究研究。"这是原则上同意,办法还要讨论。如果他说:"好的,你听我回音。"这是肯帮忙的表示。"好的,我替你留意。"这是没有把握的表示。"好的,我替你想办法。"这是肯负几分责任的表示。你如细细体味,便知道此次说话是否成功。

忌自我夸大

在一切愚笨的行为中,再没有比在别人面前自我夸张、自我炫耀更愚笨的了。

"那次的纠纷,如果不是我给他们打发开了,不知要弄到怎样。你们要知道,他们对任何人都不放在眼里的,不过当着我的面,就不敢妄动了……"

你觉得这种话听来肉麻吗?即使这次的纠纷的确因为他的排解而得到解决,如果换一句"当时我恰巧在场,就替他们排解了"的话,不是更使人敬佩吗?

当一件值得称赞的事情被人发觉之后,人们自然会崇敬你,但假若你自己夸张叙述出来,所得结果必恰恰相反——人们听到你的自我夸张时,轻视就会把崇拜掩盖了。

"幸而他听从我的指挥,否则他不会有今日的成就。""他们都想把我压下,但反而让我把他们打倒了。""这一班人都是蠢材,我不知他们整天在忙什么,我毫不费力就把他们抛在后面。""你瞧,我这事情弄得多好!你能够和我比一比吗?"……在你的一生中,你曾说过多少像这样的话呢?一句夸张的话是一粒恶的种子,由你的口中吐出而种在别人的心里,滋长出憎恶的芽来。

爱自我夸大的人是找不到真正的朋友的,因为他自视甚高,睥睨一切,不大理会别人的意见,只会自己吹牛。

"面子是别人给的,脸是自己丢的。"这句话很发人深省,自己若具真实本领,那么赞美的话应该出自别人的口,自吹自擂,其实是自己丢脸而已。凡有修养的人,必不随便谈论自己,更不会夸张自己。

与其自己夸张,不如表示谦逊,好坏别人自有评断,不必自己吹擂。

另外则有些人,常爱夸大自己事业的重要性,间接为自己吹擂。"复兴中华文化,全赖我们新闻界的力量来鼓吹推动",如果你对复兴中华文化运动有客观的认识,听了这句话是不会赞同的,鼓吹和推动这个运动,有赖全国同胞的努力。此外,更要配合工商业、出版、娱乐事业、教育等等的力量。

让孩子一开口就招人喜欢